LA BIBLIA VEGANA

Redbook
ediciones

LA BIBLIA VEGANA

**Laura Torres, Clara Vidal
y Jaume Rosselló**

© 2019, Redbook Ediciones, S.L., Barcelona

Diseño de cubierta: Regina Richling
Diseño de interior: Marta Ruescas

ISBN: 978-84-9917-570-6

Depósito legal: B-18.332-2019

Impreso por Sagrafic, Passatge Carsi 6, 08025 Barcelona

Impreso en España - *Printed in Spain*

ÍNDICE

POR QUÉ SER VEGANOS

DE QUÉ ESTAMOS HABLANDO

Cuando termines de leer esta página, los humanos habrán dado muerte a 300.000 animales. Cada año, los seres humanos matan 57 mil millones de animales para producir comida. Y eso sin contar los peces y el resto de animales acuáticos comestibles, cuya cifra se estima en un billón. Es una gran cantidad de sufrimiento y muerte.

Muchas personas empiezan a sospechar que el proceso de criar y matar animales es bastante brutal. Y, ya que disponemos de datos suficientes que demuestran lo innecesario de seguir comiéndolos (y que es más saludable no comerlos) bastantes más empiezan a decidirse: algo hay que hacer al respecto.

Las propuestas veganas son una buena respuesta a esta inquietud. Entre estas propuestas, la primera es dejar de comer animales. Una dieta vegana se compone en su totalidad de ingredientes de origen vegetal y excluye todos los productos de procedencia animal; es decir en ella no se consume:

- carne, pescado ni productos de origen animal
- productos lácteos (leche, queso o yogures elaborados con leche animal)
- huevos
- miel

¿Por dónde empezar?

No existe una forma ideal de empezar a ser vegano; a no ser que se haya nacido en el seno de una familia vegana o vegetariana, cada persona encuentra su propio camino y el mejor modo de afianzar el nuevo estilo de vida.

Una opción consiste, una vez tomada la decisión, en adoptar desde el principio una dieta basada por completo en alimentos de origen vegetal. Otra posibilidad es irse acostumbrando de manera gradual a una alimentación vegana y empezar por realizar una comida al día a base de ingredientes de origen vegetal, o no consumir productos de procedencia animal un día a la semana.

Sea cual sea la opción elegida, la vida te resultará más fácil y más sabrosa si dispones de los ingredientes adecuados.

Comer mejor… ¡es más fácil de lo que parece!

Elegir una dieta vegana no significa que, por el hecho de dejar de comer carne, pescado, huevos y lácteos ya está todo hecho y te estás alimentando de forma correcta. Las patatas fritas y los dulces pueden ser veganos, pero, por supuesto, una dieta basada en comida basura no es nutritiva. Sin embargo, una dieta vegana bien planificada podrá contener todos los elementos que requiere una alimentación sana.

Consumiremos alimentos ricos en fibra y bajos en calorías, como las frutas, verduras, cereales y legumbres, combinados en proporciones adecuadas con otros ingredientes con un alto contenido en grasas (saludables), como determinados aceites, nueces, aguacates y frutos secos. Come abundantes frutas y verduras de vivos colores, prácticamente todas son ricas en antioxidantes. Asegúrate también de que consumes alimentos ricos en almidón (patatas, arroz, cereales, pan…) y legumbres, tanto frescas como secas.

Además, para cuando dejes de comer productos de origen animal, ya sabrás cómo obtener los nutrientes necesarios sin ellos. Las personas veganas prestarán atención a los aportes de calcio, hierro y vitamina B12. En caso de embarazo, lactancia, o en determinadas etapas del crecimiento infantil, conviene contar con el asesoramiento de nutricionistas o terapeutas especializados.

¿Hay motivos para ser vegano?
Documentales que están cambiando la vida de los animales

Verás como muchas de nuestras costumbres alimentarias se fundamentan en hábitos a los que resulta tan fácil renunciar como lo fue acostumbrarse a ellos. Puede que al principio te suponga cierto esfuerzo prescindir de la carne, del pescado y de otros productos de origen animal, pero lo más probable es que, por poco que estudies la alimentación basada en ingredientes vegetales terminarás disfrutando de una dieta más variada que nunca.

Se dice que «si los mataderos tuvieran paredes de cristal, todos seríamos vegetarianos». Pero no sólo eso: el acceso a través de internet de cada vez más personas a documentales sobre lo que está ocurriendo ahora mismo con los animales propicia este gran cambio. Sea en las universidades o sea en la política, se trate de filósofos o de celebridades, o bien de seres humanos anónimos, somos cada vez más las personas que decimos ¡basta!, sabiendo que el mundo será mejor si somos capaces de cambiar.

Si puedes resistirlo, mira alguno de estos films. Comprenderás enseguida por qué existen estudios que prevén, para dentro de muy pocos años (2040), que más del 60% de la carne destinada a la alimentación será libre de muertes.

Estos son algunos de los documentales más poderosos e inspiradores que han visto la luz en las dos últimas décadas y que siguen transformando la vida de los animales.

• *Earthlings* (2005). Este documental es un auténtico «vegan maker». Tal vez sea el documental más convincente que se ha producido hasta ahora sobre el sufrimiento de los animales utilizados por la industria de la alimentación, la vestimenta, como compañía, el entretenimiento y la investigación científica. La expresiva narración del actor Joaquin Phoenix, junto a la música de Moby, hacen de este galardonado documental una obra muy clara y potente. Podéis encontrar una versión subtitulada en español.

«Si pudiera hacer que todas las personas del mundo viesen un documental, haría que viesen Earthlings». (Peter Singer, filósofo y autor de «Liberación Animal»)

• *The Game Changers* (2018). Está cambiando la forma en que las personas ven el consumo de carne. Un simple documental que desmonta el mito en torno al consumo de proteínas animales con los testimonios de atletas de alto rendimiento que atribuyen su éxito a una dieta basada en proteínas vegetales. Arnold Schwarzenegger, Carl Lewis, Sco Jurek, Morgan Mitchell y Patrik Baboumian dan fe de todo

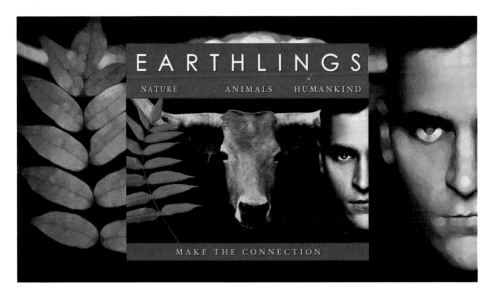

ello, junto con abundantes estudios científicos y la opinión de expertos. Fue dirigido por el ganador del Oscar Louie Psihoyos (*The Cove*) y producida, entre otros, por el aclamado director y también ambientalista vegano James Cameron (*Titanic*).

• *The Ghosts in our Machine* (2013). La reportera gráfica y activista Jo-Anne McArthur es nuestros ojos en este documental que narra las historias de los animales que viven, mueren y son rescatados de la maquinaria económica global. Se trata de una obra sobrecogedoramente hermosa que habla de una verdad incómoda en la voz tranquila y sensata de McArthur, una mujer que ha dedicado su vida a defender a los seres más indefensos.

«Una obra maestra. Debería ser vista por todo el mundo.» (James Cromwell, actor).

• *Cowspiracy* (2014). Netflix, el gigante del streaming, lanzó este impresionante documental que explora las consecuencias de la ganadería industrial en el medioambiente como nadie antes había hecho. Desde entonces, la película ha provocado cambios de comportamiento entre los millennials, a veces etiquetados como grupo apático y poco comprometido.

«Cowspiracy» está producido por Leonardo DiCaprio para su versión en la plataforma. Con honestidad y datos rigurosos, el film deja al descubierto el devastador impacto que las grandes industrias alimentarias tienen sobre el planeta.

«¿ERES VEGANO? PUES LAS PLANTAS TAMBIÉN SUFREN»

La percepción social sobre los animales y sobre la alimentación vegana ha cambiado muchísimo en tan sólo una década, pero todavía es tema de animados debates, en comidas, reuniones o encuentros de amigos. Hace ya bastante tiempo que la ciencia desmontó los argumentos relacionados con la vitalidad y dependencia del organismo humano de las proteínas de origen animal; sin embargo, las personas omnívoras consideran que han de seguir justificando su comportamiento, en general basado en la inercia, las costumbres o la tradición. Así que, como este argumento ya no funciona, han de buscar otros argumentos.

En este intento han encontrado diversos pretextos para seguir con los antiguos hábitos. Tantos como para escribir un libro entero: eso hicieron los animalistas Gary L. Francione y Anna Charlton («Come con conciencia») para desmontar las excusas más habituales. Veamos una de las más sencillas de responder: «¿Eres vegano? Pues las plantas también sufren».

En una comida de amigos

La escena: estamos en una cena. Nos ocupamos de nuestros asuntos comiendo nuestra comida vegana. Alguien se acerca y nos pregunta por qué no estamos comiendo la carne y los productos lácteos que los demás están comiendo. Nos preguntan si es por una cuestión de salud. Decimos: «No, es por una cuestión de ética». Y entonces, escuchamos casi inmediatamente: «Pero, ¿y las plantas?» Este «pero» con frecuencia hace referencia a la comida de origen vegetal en particular que por casualidad estamos comiendo, por ejemplo: «Pero, ¿y ese brócoli que estás comiendo? ¿No sintió dolor cuando lo cocinaban?»

Junto con el clásico «Pero Hitler era vegetariano», este «Pero» es uno de los más más fáciles de responder. Porque nadie cree realmente que las plantas son iguales a los animales. Si alguien se comiera tu tomate y tu perro, nadie consideraría que ambos actos son similares. Seamos claros aquí: no hay ninguna evidencia científica de que las plantas piensen o exhiban cualquier tipo de actividad mental como para que podamos decir que las plantas tienen intereses. No hay ninguna evidencia científica de que las plantas tengan algún tipo de mente que prefiera, o desee, o quiera nada. No hay ninguna evidencia científica de que dejar caer brócoli en agua hirviendo sea

similar en alguna manera relevante a matar a una vaca, o un cerdo, o un pollo, o a dejar caer una langosta viva en agua hirviendo.

Nadie mantiene realmente que las plantas puedan experimentar dolor (ni siquiera un dolor equivalente al de los animales). Personas con rango universitario señalan casos en los cuales las plantas reaccionan ante estímulos. Nadie duda que lo hagan. Están vivas. Llevan a cabo varias actividades, algunas de las cuales son muy complejas, a nivel celular. Pero no llevan a cabo nada a nivel cognitivo o consciente porque carecen de consciencia y cognición completamente. Las plantas reaccionan; no responden.

¿Girará una planta hacia el sol? Seguro. ¿Lo hará aun si al girar en esa dirección, a la planta la cortaran? Seguro. ¿Algún animal se comportaría de esta manera? No. Los animales responden; las plantas reaccionan.

Una campana reaccionará si transmites electricidad a través del cable al cual está unida. ¿Significa eso que la campana está respondiendo? No. ¿Significa eso que la campana es consciente o sintiente? No, por supuesto que no.

Las campanas reaccionan; las plantas reaccionan. Ninguna de las dos es consciente; ninguna de las dos es sintiente; ninguna de las dos responde a nada. No son del tipo de cosas que pueden responder; son sólo del tipo de cosas que pueden reaccionar.

Una señal reveladora obvia es que cuando aquellos que defienden "la ética de las plantas" son confrontados con el hecho indiscutible de que las plantas no son sintientes, empiezan a afirmar que aunque las plantas no son sintientes, sí son –utilizando una expresión utilizada en un debate auspiciado por la Prensa de la Universidad de Columbia– capaces de «intencionalidad no consciente.»

«Intencionalidad no consciente.» ¿Qué rayos significa eso? ¿Cómo puede uno tener la intención de hacer algo de una manera no consciente? ¿Acaso no es la consciencia necesaria para la intención? Podríamos decir que las partículas cargadas eléctricamente que viajan a través del cable tienen la intención no consciente de hacer sonar la campana. Esto sería absurdo pero no más absurdo que decir que una Venus atrapamoscas tiene la intención no consciente de cerrar sus "mandíbulas" alrededor de una mosca.

Los defensores de "la ética de las plantas" a menudo argumentan que simplemente no podemos decir si las plantas son sintientes. Puede que sean sintientes en una manera que nosotros aún no podemos reconocer. Simplemente no lo sabemos.

Por ejemplo, aunque Chamovitz, un investigador, reconoce que las plantas no pueden pensar, él agrega: "¡Pero tal vez ahí es dónde aún sigo limitado por mi propia forma de pensar!" Hay tres simples respuestas aquí.

1) En primer lugar, podrías decir lo mismo de cualquier cosa. Podrías, por ejemplo, afirmar que en realidad no podemos saber si una brizna particular de césped es Einstein reencarnado. Bien puede que sea Einstein; sólo que no contamos aún con las herramientas para reconocer que sí lo es. Hacer afirmaciones absurdas y decir que puede que no sean absurdas porque es posible que puedan no ser absurdas es un esfuerzo absurdo.

2) En segundo lugar, a menos que quieras ignorar el principio de la evolución, tendrías que explicar por qué las plantas desarrollarían una característica que sería completamente inútil para ellas. Si las plantas pudieran sentir dolor, no hay nada que ellas pudieran hacer al respecto excepto sufrir ese dolor. Las plantas no pueden huir.

3) En tercer lugar, incluso si, contrario a todo lo que sabemos, las plantas fueran sintientes, de todas maneras matamos más plantas cuando comemos animales que cuando consumimos esas plantas directamente. Así que, cuando alguien que está comiendo un bistec te pregunta acerca de las plantas que estás comiendo, le

puedes recordar a él o a ella que la vaca de la cual tomaron el bistec fue una vez un mamífero sintiente que tenía un sistema nervioso muy similar al nuestro y que era incuestionablemente sintiente. Para producir 400 gramos de bistec, se necesitaron unos 8 kilos de proteína vegetal. Así que tenemos un mamífero sintiente que murió, junto con 8 kilos de plantas supuestamente sintientes.

Así que, aun si las plantas fueran sintientes, la persona comiendo el bistec y la persona comiendo directamente los alimentos de origen vegetal están involucradas en actos diferentes; y la acción de la primera persona es mucho peor. Pero entonces, si la persona comiendo el bistec realmente tuviera una preocupación moral por las plantas, o por el sufrimiento de seres sintientes en general, estaría consumiendo plantas directamente.

En todo caso, el hecho de que alguien esté ofreciendo un «pero», aunque sea absurdo como este, puede que sea buen un indicio de que esa persona se siente irritada y preocupada acerca de comer productos animales.

Piedras, percepción y alimento

Se cree que las plantas nos «escuchan», si les hablamos. Que valoran ciertas músicas. Pero no tienen ojos.

Las plantas no tienen sistema nervioso central, ni nada similar a un cerebro. Cuando nos pinchamos un dedo con una espina, esa información es comunicada por el sistema nervioso al cerebro, donde se genera la sensación de dolor. Por ello, sólo los seres con un sistema nervioso central pueden sufrir o sentir placer, tal como lo entendemos nosotros. Una planta no posee nada similar. Una planta se ufana para sobrevivir y se prepara para recibir los rayos solares… pero no posee una «percepción mental» de su vida. Es poco realista creer que una planta «sintiera dolor» sin poder huir. Las cosas transcurren en otro plano de percepción.

Primero carbón, después diamante.

Y las piedras, ¿tienen vida? Bastaría con observar cómo una piedra es capaz de ordenar sus moléculas si la Naturaleza la somete durante siglos a una gran presión, a

un gran «sufrimiento»: hasta convertirse en diamante. ¿Cómo no van a tener vida las piedras? Por supuesto.

Ahora bien, ¿es la misma vida que la que tiene una vaca?

Bueno, a los que comen carne animal las piedras no parecen interesarles mucho: los veganos no las comemos.

Los veganos hemos de responder a innumerables preguntas como éstas, pero a menudo las preguntas no son sinceras: a veces tienen trampa. Para la mayoría, el decir «las plantas también sufren» es una forma rápida de justificar su consumo de carne, de evitar la mala conciencia de no pensar demasiado en serio sobre el tema.

¿Podemos justificar el mito de la carne?

> *El mayor enemigo de la verdad es el respeto irreflexivo a la autoridad.*
> ALBERT EINSTEIN

Es una tarde soleada y el zoológico infantil situado frente al supermercado local ha atraído a más gente de lo habitual. Tanto niños como padres se aprietan contra la valla de madera, algunos inclinados por encima con los brazos extendidos. Saco una de las zanahorias que he traído para la ocasión y se la ofrezco a un lechón, con la esperanza de atraerle y poder acariciarlo. Por algún motivo, siempre siento la necesidad de conectar físicamente con los animales. El deseo de tocarlos y acariciarlos es casi instintivo.

Y no soy la única. Observo a los niños, con los ojos bien abiertos y que gritan de placer cuando uno de los lechones acepta sus regalos y consiguen acariciarle la mejilla o la cabeza. Veo a los adultos reír con afecto cuando el animalito engulle la comida sin pensar y haciendo caso omiso de las manos infantiles que lo rodean. Me fijo en la atención que recibe una vaca solitaria, a la que llaman desde todas partes.

Cuando, sin motivo aparente, escoge mi manojo de hierbas, siento que me embarga la ternura. Le acaricio la nariz aterciopelada, mientras los niños se acercan para tocarle la cabeza y el cuello.

Las gallinas también despiertan interés y alegría. Los niños se ponen en cuclillas para pasar migas de pan a través de las aberturas de la valla, sonriendo de oreja a oreja cuando las aves picotean el suelo y, de vez en cuando, se detienen y miran a la multitud inclinando la cabeza. Como es de esperar, los espectadores comentan lo adorables que son los polluelos, cubiertos de pelusa, que pían y saltan sin objetivo aparente.

Es algo digno de ver. Los niños ríen y aplauden, las madres y los padres sonríen y todo el mundo está decidido a tocar y a ser tocado por los cerdos, las vacas y las gallinas.

Sin embargo, estas personas que sienten el impulso incontenible de entrar en contacto con los animales y que, de niños, quizás habrán dormido abrazados a sus cerdos u ovejas de peluche, esas mismas personas pronto se irán del supermercado con las bolsas cargadas de ternera, jamón y pollo.

Esas personas, que sin duda se lanzarían al socorro de cualquiera de los animales del corral si le vieran sufrir, por algún motivo no se indignan por el hecho de que miles de millones de ellos sufran innecesariamente cada año en los confines de una industria que no debe responder de sus acciones.

Las tres «N» de la justificación

Para ser capaces de consumir la carne de las mismas especies que hemos estado acariciando hace tan solo unos minutos, debemos creer tan plenamente en la justicia de comer animales que ni somos conscientes de lo que hacemos. Para ello, nos enseñan a aceptar una serie de mitos que mantienen vivo el sistema carnista y a pasar por alto las incongruencias de lo que nos contamos a nosotros mismos. Las ideologías violentas dependen de presentar la ficción como la verdad y de desalentar cualquier tipo de pensamiento crítico que amenace con hacer evidente esta realidad.

Todo lo que concierne a la carne está rodeado de mitología, pero todos los mitos se relacionan, de un modo u otro, con lo que Melanie Joy denomina las tres «N » de la justificación: comer carne es **normal**, **natural** y **necesario**.

Estas tres «N» se han invocado para justificar todo tipo de sistemas de explotación, desde la esclavitud al holocausto nazi. Cuando la ideología está en auge, estos mitos apenas se cuestionan. Sin embargo, cuando al fin se derrumba el sistema, se reconoce lo absurdo de las tres «N»… (encontraréis abundante información en su libro; ver bibliografía).

«Comer carne es natural»

La mayoría cree que comer carne es natural, porque el ser humano caza y consume animales desde hace miles de años. Y, ciertamente, la carne ha formado parte de nuestra dieta omnívora durante, al menos, dos millones de años aunque, durante la mayor parte de este tiempo, nuestra dieta siguió siendo fundamentalmente ve-

getariana. No obstante, para ser justos, debemos reconocer que el infanticidio, el asesinato, la violación y el canibalismo son, como mínimo, tan antiguos como el consumo de carne y, por tanto, podríamos argumentar que también son «naturales»; sin embargo, no apelamos a la historia de estas conductas para justificarlas. Tal como sucede con otros actos de violencia, cuando se trata de comer carne debemos diferenciar entre lo natural y lo justificable.

Lo «natural» se convierte en «justificable» mediante el proceso de naturalización. La naturalización es tan natural como normal es la normalización. Cuando una ideología se naturaliza, creemos que sus principios siguen las leyes naturales (y/o la ley de Dios, en función de si nuestro sistema de creencias se basa en la ciencia, en la fe o en ambas). La naturalización refleja una creencia sobre cómo deben ser las cosas. Así, se considera que comer carne no es más que una conducta que sigue el orden natural de las cosas. La naturalización mantiene una ideología concreta, proporcionándole una base (bio) lógica.

Al igual que las normas, muchas conductas naturalizadas son construidas y, a estas alturas, no debería sorprendernos que las hayan construido las mismas personas que se han colocado a sí mismas en la cúspide de la «jerarquía natural». La creencia en la superioridad biológica de ciertos grupos se ha usado durante siglos para justificar la violencia: los africanos estaban destinados «por naturaleza» a la

esclavitud, los judíos eran malvados «por naturaleza» y, de no ser erradicados, destruirían Alemania, las mujeres son «por naturaleza» propiedad de los hombres y los animales existen «naturalmente» para ser comidos por los seres humanos. Pensad, por ejemplo, que nos referimos a los animales que comemos como si la naturaleza los hubiera diseñado precisamente para ese propósito: los llamamos animales «de explotación», «pollos de corral», «gallinas ponedoras», «vacas lecheras»... Una de las justificaciones fundamentales del carnismo es el orden natural de la llamada cadena alimentaria. Se supone que los seres humanos están en lo «alto» de la cadena alimentaria. Sin embargo, por definición, una cadena no tiene «alto» y, si lo tuviera, estaría ocupada por carnívoros, no por omnívoros.

Las disciplinas básicas que apoyan la naturalización son la historia, la religión y la ciencia. La lente histórica eterniza la ideología y parece demostrar que ha existido siempre y que, por tanto, seguirá existiendo: las cosas son así. La religión sostiene que la ideología es un mandato divino y la ciencia proporciona a la ideología una base biológica. El matemático y filósofo René Descartes clavó las patas del perro de su mujer a un tablón, para diseccionarlo vivo y demostrar que el perro era una «máquina» sin alma cuyos gritos de dolor no eran distintos al ruido que hacían los

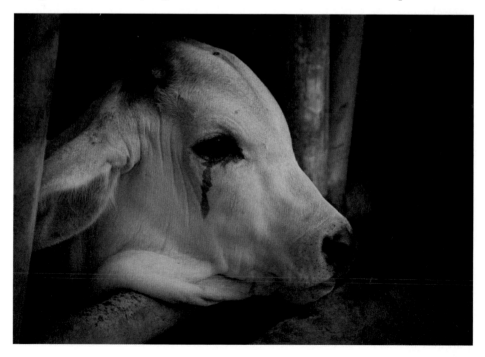

muelles y los engranajes de un reloj al desmontarlo. Y Charles Darwin afirmó que, como los varones nacían supuestamente con mayor capacidad de raciocinio que las mujeres, a lo largo de la evolución los hombres habían acabado siendo superiores a las mujeres. En resumen, la naturalización hace que la ideología sea histórica, divina y biológicamente irrefutable.

«Comer carne es necesario»

La creencia de que comer carne es necesario está forzosamente vinculada a la creencia de que comer carne es natural. Si comer carne es un imperativo biológico, entonces es necesario para la supervivencia de la especie (humana). Y, tal como sucede con todas las ideologías violentas, esta creencia refleja la paradoja fundamental del sistema: matar es necesario para el bien general, así que la supervivencia de un grupo depende de la muerte de otro.

La creencia de que comer carne es necesario hace que el sistema parezca inevitable pues si, no podemos existir sin comer carne, la abolición del carnismo equivale al suicidio colectivo. Aunque sabemos que podemos sobrevivir sin comer carne, el sistema prosigue como si este mito fuera verdad. Es una premisa implícita que solo se revela al ser cuestionada.

Un mito asociado a este último es que necesitamos carne para estar sanos. Este mito también persiste, a pesar de las pruebas abrumadoras que demuestran lo contrario. Si la investigación ha demostrado algo es que el consumo de carne es perjudicial para la salud. Se ha asociado con el desarrollo de algunas de las enfermedades más graves del mundo industrializado.

El mito de la proteína

Pero, ¿cómo obtienes la proteína que necesitas? Esta suele ser una de las primeras preguntas que oye un vegano cuando habla de su orientación alimentaria. De hecho, esta pregunta es tan habitual que se ha convertido en un chiste entre los vegetarianos. Y hablo de «chiste» porque esta pregunta refleja uno de los mitos más irreales (si no el más irreal) sobre el carnismo: que la carne es una fuente necesaria de proteínas. Los vegetarianos se refieren a esta creencia errónea como el mito de la proteína.

El miedo al déficit de proteínas es especialmente habitual entre los varones, porque tradicionalmente se ha asociado la proteína (animal) al desarrollo de la

musculatura y la fuerza. La carne es, desde hace mucho, símbolo de virilidad; por el contrario, los alimentos de origen vegetal se han feminizado y, con frecuencia, representan pasividad y debilidad (es el significado de expresiones como «estar aplatanado» o «quedarse como un vegetal»). Cada vez hay más estudios que analizan cómo la masculinidad se ha construido (en detrimento de las personas y de la sociedad) en torno a la dominación, el control y la violencia. Por tanto, no debería sorprendernos que consumir (y a veces, matar) animales haya sido una de las características principales de la virilidad.

Proteinomanía

Al igual que otros mitos sobre la carne, el mito de la proteína existe a pesar de pruebas consolidadas, amplias y extendidas, que demuestran lo contrario y sirve para justificar la continuidad del consumo de carne y para mantener el paradigma carnista. Todavía hoy en día, en países como EEUU se ingiere prácticamente el doble de la proteína necesaria.

Sin embargo, una dieta variada a base de legumbres, cereales y verduras aporta todos los aminoácidos esenciales necesarios para las proteínas o la masa muscular que necesita el organismo. Antes se pensaba que era necesario ingerir combinaciones concretas de verduras para obtener todo su valor nutricional, pero la investigación más reciente nos dice que no es así. Para ingerir una dieta con un contenido suficiente, pero no excesivo, de proteína, basta con sustituir los productos animales por cereales, verduras, legumbres (guisantes, judías, lentejas...) y frutas. Siempre que se consuma una amplia variedad de alimentos de origen vegetal en cantidad suficiente para mantener el peso, el cuerpo recibe las proteínas que necesita.

El mito del libre albedrío

Nadie nos apunta a la cabeza con una pistola para obligarnos a comer carne, pero es que no hace falta. Empezamos a comer animales desde el mismo momento en que nos destetan. ¿Alguien decidió libremente comerse todos aquellos potitos de pollo y guisantes? ¿Cuando los padres, los médicos y los maestros decían que comer carne nos haría fuertes, ¿alguien protestó?

¿Alguna vez miraste los nuggets, o las albóndigas sobre la salsa de tomate y te preguntaste de dónde habían salido?

Aprender a comer carne... ¡antes de aprender a hablar!

Las pautas relacionales establecidas con la carne empiezan mucho antes de tener edad para hablar y permanecen inmutables durante toda la vida. Y es este flujo de conducta ininterrumpida lo que nos permite ver cómo el carnismo anula el libre albedrío. Las pautas de pensamiento y de conducta se establecen mucho antes de que podamos actuar como agentes libres y se insertan en el tejido de nuestra psique, de modo que guían nuestras elecciones como una mano invisible.

Y en caso de que algo pudiera cambiar nuestra manera habitual de relacionarnos con la carne (si, por ejemplo, alcanzamos a ver parte del proceso de matanza), la elaborada red que compone la estructura defensiva del carnismo nos devuelve rápidamente al redil. El carnismo bloquea las intromisiones de la conciencia.

Mientras permanezcamos en el sistema, veremos el mundo a través de los ojos del carnismo. En vez de lo que nos han enseñado a sentir y creer, conviene salir del actual sistema para recuperar la empatía perdida y poder tomar decisiones que reflejen nuestros verdaderos pensamientos y emociones.

Un planeta sostenible

Un motivo esencial para elegir una dieta vegana se basa en la defensa de los animales no humanos, es decir, hay un motivo ético, económico y ecológico para elegir esta alimentación. Ser veganos es un paso más en el universo vegetariano; hasta hace muy poco, los vegetarianos renunciaban a la carne y el pescado, pero incluían en su alimentación lácteos, y a veces huevos. La motivación tenía un importante componente de salud, que ahora está compartido con argumentos muy sólidos en relación a cuestiones de ética y sensibilidad, unidas a temas ecológicos y económicos: tal cual, nuestro planeta no es sostenible.

Disfrutar con la comida

Ha sido el evidente maltrato de la ganadería industrial hacia nuestros amigos, junto a los pasos hacia la cosificación de la vida, y el hallazgo de los inconvenientes que para la salud presentan la mayoría de lácteos lo que está motivando el paso hacia los menús veganos. ¿Y el sabor?

No es cierto que quienes han elegido una alimentación vegana no disfrutan con la comida. Es más, se puede decir que gran parte de los que deciden ser veganos acaban entablando una relación muy especial con su alimentación, que va más allá del simple hecho de enriquecerla de nutrientes. Podemos disfrutar de los placeres de la buena mesa de forma increíblemente más original y divertida. Pensar que no podremos disfrutar con una buen gratinado o una buena pizza es un bulo que divulga la cultura convencional, por puro desconocimiento.

Una persona vegana puede encontrar limitaciones al comer fuera de casa, o al elegir los alimentos que irán a parar a su cocina, pero eso nos llevará a comprometernos más y mejor, y a estimular el ingenio y la creatividad a la hora de preparar las comidas. Den realidad, cuando se conoce es muy fácil, gracias a la enorme diversidad de productos frescos, legumbres y cereales que podemos encontrar en el mercado.

Como veremos, es cierto que eliminamos carne, pescado, lácteos, huevos y miel, pero en realidad son muchos más los alimentos —sabrosos, nutritivos y saludables— que podremos añadir a la despensa, enriqueciendo nuestros platos. Más allá de las limitaciones impuestas por la restauración clásica o la industria alimentaria, al abrazar el veganismo vamos a sumar a nuestra dieta bastantes más alimentos nutritivos que los que vamos a restar. Algas, semillas (y su aporte de ácidos grasos cardiosaludables), cereales de buen grano sin manipulaciones, legumbres, plantas

aromáticas y algunos «superalimentos» que transformarán nuestra cocina y nuestra forma de entender la comida.

Ya tenemos aquí muchas recetas de platos que son perfectamente veganos, como la escalivada, la paella de verduras o el gazpacho, pero en realidad son muchos más.

Lácteos y calcio

¿No hay suficiente aporte de calcio sin los lácteos? La respuesta es muy sencilla, y a la vez deja abierta la puerta a todo un debate sobre las contradicciones en las que se asienta la nutrición tradicional, donde la única fuente de calcio que se da por buena es la de los lácteos. En esto han tenido mucho que ver las grandes corporaciones de la industria lechera, que se dedicaron a difundir durante décadas la máxima de que la salud de nuestros huesos estaba intrínsecamente ligada al consumo de leche.

Para desmentir esa afirmación no hace falta acudir a estudios científicos, basta con repasar las estadísticas de osteoporosis y rotura de huesos en países como Japón, donde el consumo de lácteos es nulo, y EE.UU., donde la mayor parte de su dieta está basada en los lácteos y llega incluso a duplicar la ingesta diaria recomendada por las tablas nutricionales oficiales. Los resultados de la comparación son abrumadores. Japón apenas registra problemas de osteoporosis o roturas de cadera tras la menopausia, mientras que EE.UU. tiene una tasa altísima, siendo además uno de los países con más problemas por descalcificación de huesos.

¿Existen fuentes vegetales de calcio?

La fuente de calcio en la alimentación de un país que no toma ningún lácteo, como Japón, es clara y sencilla: ellos se alimentan con soja, legumbres, arroz y verduras. Esto confirma que ciertos alimentos vegetales no tienen mucho que envidiar a los lácteos, y en especial en el aporte de calcio.

¿Por qué los lácteos no son tan efectivos a la hora de aportarlo? Ante todo, el exceso de ácido o de proteínas puede ser tan perjudicial para la salud de nuestros huesos como la falta de calcio. Como vemos claramente en algunos refrescos carbonatados que utilizan en su elaboración ácido fosfórico o ácido cítrico, estos crean tanta acidez extra en el cuerpo, que provocan que se activen sus «alarmas» y busque una fórmula de contrarrestarlo y restablecer el equilibrio ácido-alcalino que necesita para funcionar bien.

¿Cómo lo hace? Quitando calcio de los nutrientes que ingerimos y de nuestros huesos para compensar. Una dieta muy rica en alimentos ácidos, como son los lácteos, por un lado nos proporciona mucho calcio pero, por otro, una parte del mismo se va en alcalinizar nuestro cuerpo… Y eso por no mencionar un producto tan omnipresente en los alimentos preparados que parece como si la industria alimentaria fuera absolutamente incapaz de elaborar producto alguno sin él. Nos referimos al azúcar, un auténtico «ladrón de calcio» del organismo, ya que nuestro cuerpo debe gastar calcio de sus reservas para metabolizar este azúcar añadido.

Proteínas lácteas

Al igual que sucede con los ácidos, un exceso de proteínas también perjudica la salud del hueso, ya que la proteína animal tiene un alto contenido en sulfuro, que es un componente de los aminoácidos. Esto también desequilibra nuestro nivel de pH, ya que empuja al hueso a soltar más calcio para alcalinizar el cuerpo.

Las proteínas vegetales, sin embargo, tienen unos aminoácidos con una base menos sulfúrica, por lo que acidifican mucho menos el cuerpo, y el calcio ingerido se aprovecha mejor. Hay que recordar que los lácteos también son muy ricos en proteínas, lo que unido a los ácidos multiplica la pérdida de calcio.

Es verdad que los alimentos vegetales aportan, en general, menos calcio que los lácteos, pero nuestro cuerpo lo absorbe mejor. Prima la calidad sobre la cantidad. Por ello, una dieta vegana rica en soja, algas, leches vegetales (sobre todo si las hacemos frescas en casa, como veremos), frutos secos y semillas, cereales y productos

frescos variados nos va a asegurar, sobradamente, la dosis diaria recomendada de calcio, y sin aportar, además, nada de colesterol malo.

Caseína

Pero la controversia con los lácteos va más allá de su contenido en calcio biodisponible. Y es que cada vez son más los estudios que los señalan como responsables del incremento en la tasa de ciertos cánceres, especialmente en los hormonales, como los de mama. Si observamos las estadísticas sobre la incidencia de este tipo de cánceres en países asiáticos como China o Japón, donde no hay casi consumo de lácteos, podremos comprobar que las cifras son increíblemente bajas.

¿Por qué, entonces, hay todavía tantas personas, incluidos los vegetarianos tradicionales, a los que les cuesta dejar los lácteos, pese a estar casi convencidos de que es lo mejor para ellos? Quizá la respuesta se halle en un componente muy especial de la leche y, en especial del queso, porque contienen una de las sustancias más adictivas en el mundo de la alimentación (además del azúcar): la caseína.

Esta proteína, al ser digerida, se descompone en un derivado llamado casomorfina que posee un efecto parecido, aunque suavizado, al de los opiáceos. En el momento que entra en nuestro torrente sanguíneo, va directamente a ciertos receptores de nuestro cerebro que automáticamente nos devuelven una placentera sensación de bienestar. Eso explica por qué cuesta tanto eliminar el queso de nuestra dieta.

NUTRIENTES A TENER EN CUENTA
EN LA ALIMENTACIÓN VEGANA

Cuando intentamos organizar las necesidades nutricionales de una dieta vegana, lo primero que debemos hacer es descartar ciertas máximas bastante desfasadas de la nutrición clásica. La primera es cómo contabilizamos los nutrientes en las comidas. Al contrario de lo que se nos ha repetido durante años, hay más de una forma de contarlos, y en el caso de la alimentación vegana no lo haremos como en una dieta que lleva carne y otros productos animales. ¿Por qué?

Porque en las dietas omnívoras, gran parte de los principales nutrientes se concentran en ciertos alimentos muy específicos (las proteínas en la carne animal, el calcio en los lácteos...), mientras que en la alimentación vegana se divide entre muchos alimentos diferentes de origen vegetal.

Esto, que a priori podría parecer que complica bastante la vida de quien elige este tipo de dieta, termina siendo una ventaja cuando se constata la riqueza de opciones alternativas a los productos animales que existen.

Además, obteniendo las proteínas de ese modo, tenemos un enorme beneficio añadido. Cuando ingerimos los nutrientes en pequeñas cantidades a lo largo del día, nuestro sistema es capaz de absorberlos y transformarlos de forma más eficiente, sacándoles más rendimiento. Y, por ello, si hay algo de fundamental importancia en una dieta vegana es que haya una gran variedad de alimentos a lo largo del día.

Proteínas

La cuestión de las proteínas es la que sin duda despierta más dudas y preocupación entre los nuevos veganos, los simpatizantes que no se atreven a dar el paso y las personas que, alejadas de la cuestión, no entienden cómo se puede sobrevivir sin carne. Curiosamente, lo que no se dice es que justamente las proteínas son el nutriente del que menos tendremos que preocuparnos en nuestra dieta, una vez que conozcamos las opciones disponibles. Además, las proteínas tienen más protagonismo en determinadas épocas de la vida: en edad de crecimiento, por ejemplo.

¿Cuánta proteína se necesita? El porcentaje ideal en una dieta equilibrada debería rondar el 15% de proteínas. No obstante, la alimentación actual suele superar en muchos casos el 25% en detrimento de otros nutrientes importantes como los carbohidratos. La dieta vegana permite mantener a raya el consumo excesivo de proteínas que a la larga puede resultar perjudicial para la salud. De hecho, una ingestión de proteína demasiado elevada puede incrementar las pérdidas de calcio del organismo y acelerar la aparición de enfermedades como la osteoporosis. Los veganos que mantienen una dieta equilibrada basada en cereales, legumbres, semillas, frutos secos y verduras consumen una mezcla de proteínas de primer orden.

Dónde obtenerlas. Pero más importante que saber dónde conseguir las proteínas, es entender qué son. Sólo comprendiendo cómo se forman, entenderemos lo fácil que resulta procurárselas a nuestro cuerpo.

En realidad, las proteínas no son más que una combinación de aminoácidos: algunos los puede sintetizar directamente nuestro cuerpo, y otros (nueve, para ser exactos) son esenciales y debemos procurarlos en nuestra alimentación. Es interesante saber que, por ejemplo, el aminoácido arginina es esencial cuando somos niños, pero después nuestro cuerpo aprende a sintetizarlo por sí solo.

Lo que hará nuestro organismo después de recibir estos aminoácidos esenciales, de manera muy eficiente y como si se tratara de un puzzle, es ir reconstruyendo los grupos de proteínas en función de lo que tenga en su reserva.

Como un bistec: combinar cereales y legumbres

Todos esos aminoácidos esenciales los podemos conseguir fácilmente en el mundo vegetal. Alimentos como la soja, la quinoa, el trigo sarraceno (¡incluso los altramuces!) o algunas algas nos van a proporcionar proteínas completas, o lo que es lo mismo: proteínas que contienen los nueve aminoácidos esenciales.

Con el resto de los alimentos, como cereales, legumbres o frutos secos, de lo que se trata es de saber cómo combinarlos a lo largo del día, de forma que nos proporcionen los suficientes aminoácidos esenciales para que se formen las suficientes proteínas. Es muy sencillo.

La clave está en recordar que los cereales atesoran siete aminoácidos esenciales, y que las legumbres y algunos frutos secos y semillas proporcionan los otros dos. Las operaciones matemáticas que hay que realizar son fáciles: juntando todos estos

alimentos a lo largo del día tendremos una proteína tan buena como la que obtendríamos de un trozo de carne. Solo que en este caso ni tendrá grasas saturadas, ni hormonas, ni antibióticos, ni toxinas. Además, casi todas las verduras van a aportarnos también pequeñas dosis de aminoácidos esenciales.

Vitamina B12: en suplementos

Los nutricionistas convencionales contrarios a la alimentación vegana tienen en la vitamina B12 el último bastión para defender sus ideas. La vitamina B12 es crucial para la salud de nuestro sistema nervioso y la producción de glóbulos rojos, y es sin duda la más complicada de conseguir siguiendo una dieta exclusivamente vegetal, ya que en la naturaleza se encuentra fundamentalmente en alimentos de origen animal.

En los últimos años, la industria de la alimentación vegana y biológica se ha preocupado de reforzar muchos alimentos (especialmente cereales) para que no les falte a los que llevan una dieta cien por cien vegetal.

Y aunque hay algunos alimentos vegetales como las algas, la levadura de cerveza o los fermentados (como el miso) con un significativo contenido de vitamina B12, lo cierto es que viene en un formato que se metaboliza mucho peor que la B12 animal o la que se utiliza para fortificar alimentos.

Por eso, para evitar complicaciones, lo mejor es tomar un suplemento de vitamina B12 una vez a la semana: recargará nuestras reservas, estaremos tranquilos y la cuestión quedará zanjada.

La vitamina D y el sol

Es una vitamina que requiere una atención especial, sobre todo en invierno, ya que su mayor y mejor fuente natural son los rayos ultravioletas del sol. Pero incluso en los momentos en que el sol parezca más débil, unos minutos de exposición pueden ser más provechosos a efectos de absorción de vitamina D que el pescado, un huevo o un vaso de leche.

Para saber la cantidad de vitamina D que necesitamos, más importante todavía que la fuerza de los rayos solares es la pigmentación de nuestra piel, ya que si tenemos una piel oscura podemos necesitar hasta tres veces más de sol para producir la misma cantidad de vitamina D que quienes tengan una piel muy blanca.

Muy significativa es también la extensión de piel expuesta al sol, ya que a mayor área de piel desnuda en contacto con los rayos ultravioleta, mayor será la produc-

ción de vitamina D. La ropa, los bloqueadores solares y los cristales impiden la absorción de la vitamina D. En cualquier caso, no debemos obsesionarnos con exponernos al sol todos los días o durante mucho tiempo, ya que nuestro cuerpo tiene una manera muy inteligente de almacenar la vitamina D y restablecer los niveles adecuados en días sin sol. Cada día de exposición casual al sol puede compensar por unos ocho días sin ella.

La grasa corporal y el hígado actúan como una batería para guardar la vitamina D en los momentos de luz solar, y después la van liberando cuando se necesita. De todas formas, lo mejor es incrementar el consumo de alimentos enriquecidos como las leches vegetales, margarinas y cereales para desayunar.

Hierro y vitamina C

Para que los glóbulos rojos puedan llevar oxígeno y nutrientes a nuestras células nuestro cuerpo necesita hierro cada día. La falta de hierro durante una temporada puede generar una anemia, cuyos síntomas son inmediatos: malestar general y mucho cansancio (pese a dormir lo suficiente). En general, es muy difícil ser feliz cuando nos falta hierro en nuestro organismo, pero si nos aseguramos una mínima cantidad diaria de cereales integrales, hojas verdes o legumbres podemos estar tranquilos.

Aporte. Curiosamente, los niveles de hierro suelen ser más altos entre los veganos con dietas equilibradas que entre los vegetarianos, debido a que los veganos sustituyen los lácteos por alternativas vegetales que lo contienen en mayor cantidad. Aun así, hay que puntualizar que no todo el hierro que contienen los alimentos de la dieta vegana está biodisponible para que nuestro cuerpo lo absorba, ya que a este le cuesta más absorber el hierro inorgánico (o de origen vegetal) que el que proviene de la carne.

La solución es tan fácil como incluir en nuestras comidas alimentos ricos en vitamina C. Con ellos nos aseguraremos un incremento en la absorción de hierro de hasta 6 veces más.

Podemos rociar algún elemento de nuestra comida con limón, empezar con ensaladas que incluyan por ejemplo pimientos o tomates, o tomar de postre una fruta rica en vitamina C, como los cítricos, el kiwi, las fresas o las frambuesas. Igualmente hay bastantes vegetales, como el brócoli, que contienen ya un nivel tan alto de vitamina C que bastaría para aprovechar al máximo su propio contenido de hierro.

Pérdida de hierro. Uno de los mayores enemigos del hierro se encuentra en los taninos del café y del té, que reducen su absorción y por eso es bueno espaciar la ingesta de estas bebidas de nuestras comidas y, si sufrimos ya de un déficit de hierro, directamente suprimirlas.

Hierro en la cocina. Un truco para mejorar el contenido de hierro de nuestros vegetales es cocinarlos en ollas y sartenes de hierro forjado, ya que algunos estudios han apuntado que verduras más ácidas como por ejemplo los tomates reaccionan al ser cocinados en este material, multiplicando bastante su contenido en hierro.

Calcio

Además de mantener fuertes y sanos los huesos y los dientes, el calcio ejerce otras importantes funciones corporales, como la regulación de nuestra presión arterial, la prevención de la formación de trombos o el buen funcionamiento de nuestro corazón. Si no tomamos suficiente calcio, las primeras víctimas serán los huesos, ya que ahí es donde acudirá nuestro sistema a buscar el calcio que le hace falta, pero terminará afectando a otros órganos.

Todo esto le da al calcio una gran importancia en la nutrición actual. Muchas personas no comprenden cómo puede ser saludable una dieta vegana sin el calcio que contienen los alimentos convencionales clásicos, pero lo cierto es que, incluso si no

hubiera ningún alimento vegetal muy rico en calcio (que los hay, y muchos), la industria de elaboradores bio de leches vegetales, yogures de soja y cereales de desayuno ya se han preocupado de enriquecerlos con calcio. Además, podemos abastecernos a diario de algas, semillas, frutos secos y bastantes verduras y frutas con un buen contenido en calcio. Solo en determinados momentos y situaciones vitales en los que es necesario un refuerzo (durante el embarazo, la menopausia o en algún problema de salud), deberemos aumentar la cantidad de alimentos con calcio o tomarlo en forma de suplementos.

Zinc

En una dieta vegana equilibrada es raro sufrir una carencia de zinc, pero vale la pena mencionarlo dentro del grupo de nutrientes a los que conviene prestar atención porque los alimentos con mayor contenido en zinc suelen estar en el reino animal.

Se considera que antiguamente los alimentos cultivados aportaban casi tanto zinc como ciertos alimentos animales, pero el sucesivo uso del suelo en la agricultura ha ido mermando los sedimentos de este mineral, con lo que tanto las frutas como el resto de vegetales lo contienen en menor cantidad.

En cualquier caso, la cantidad mínima recomendada de zinc en la dieta es lo suficientemente baja como para lograrla sin problemas dentro de una alimentación equilibrada. Solo, tal vez, algunos hombres veganos que busquen ser padres pueden plantearse tomar puntualmente algún suplemento para mejorar la calidad de su esperma.

Sin carne animal

Hace más de un siglo que los vegetarianos, y hoy los veganos, ofrecemos al mundo sustitutos de la carne. El resultado parecía un tanto discutible; la misma intención de proponer alimentos «como si fueran carne» albergaba, hace años, un cóctel de recetas situado entre el entusiasmo y la marginalidad. Además, estas propuestas para sustituir la carne de origen animal podía esconder cierto sentimiento de comparación ante quienes sí la comían, sugiriendo una «normalidad» muy minoritaria.

Felizmente hoy asistimos a dos hechos que nos están ayudando a superar aquellas limitaciones. Por un lado nos encontramos con la actual cosificación de la vida. Y por otro lado, el entusiasmo de los nuevos veganos bien puede ser la segunda. Creemos que son dos asuntos bien potentes, que propician, felizmente, este cambio tan drástico. La «anomalía» vegana ha dejado de serlo, como muestran las estadísticas y, cada vez más, la percepción social.

La alimentación señala un cambio en nuestro destino

Cada vez son más las personas que admiten una urgente necesidad de cambio en nuestras relaciones de piel afuera, con los animales no humanos, con la naturaleza y con el Universo. Evitamos atender a los expertos cuando nos previenen que «no hay dos planetas Tierra como para mantener el actual consumo insostenible», porque a todo el mundo le gustaría mantener este estado tan «confortable» un poco más. Por eso aparecen tantas excusas y pretextos, pero más pronto que tarde tendremos que considerar el cambio y comenzar.

Todo eso aparece hoy, ahora, en la cocina. En cada plato que preparemos con todo nuestro amor a la vida.

En la cocina. Las recetas

DESAYUNOS

LECHES VEGETALES

Las bebidas en Tetrabrick

Ahora hay en el mercado un montón de bebidas vegetales, muchas de ellas excelentes, sin embargo me llamaba la atención que no se hiciera mención al tratamiento térmico necesario para que el envasado en tetrabrik se conserve meses y meses.

Siempre he tenido la leche de vaca UHT por una «bebida» poco nutritiva y muy poco aconsejable: se considera que favorece las alergias, entre otros inconvenientes, por tanto, ¿qué ocurre con estos licuados vegetales, al envasarlos con el mismo sistema?

Nos dicen que para envasar licuados vegetales las temperaturas son menores que en el caso de la leche animal. Pero también hemos descubierto que el dulzor de los deliciosos licuados de arroz que venden en las tiendas y que tanto nos gustan… es el resultado de este «tratamiento térmico» anterior al envasado que, en el caso del arroz, transforma los hidratos de carbono en azúcar. Es fácil comprobar que el arroz que comemos no es igual de dulce.

En resumen, es estupendo que exista una gran mayoría de bebidas vegetales ya preparadas, todos las tomamos en casa a menudo. Pero si queréis disfrutar de un

> **Recomendaciones al colar la mezcla:**
> 1. Para colar la leche vegetal se necesita un paño de algodón, un bol grande, un colador grande y el mango de un mortero o almírez.
> 2. Una vez preparada, se vierte la leche sobre el colador, que previamente habremos cubierto con un paño de algodón.
> 3. La leche colada caerá sobre el bol. Apretar fuertemente el paño de algodón para que se quede en él la pulpa.
> 4. Para presionar mejor (y no quemarnos) se puede usar el mango de mortero.

sabor más auténtico en los cereales, o de ilimitadas y sabrosísimas combinaciones, vale la pena que valoréis el hacer estas bebidas en casa, que por otra parte, aguantan bien en la nevera.

Tanto si es con frutos secos o con otros ingredientes (soja con almendras, avena con coco, avena, canela y piel de limón, arroz con cacao…), o bien, para dar sabor: canela, menta, piel de naranja o de limón, vainilla, sésamo, frutas deshidratadas tipo piña, coco, frutos secos… las posibilidades y variedad son casi ilimitadas.

Preparación y colado de los licuados vegetales

Es muy fácil preparar licuados, horchatas o «leches» vegetales, y todos ellos se preparan de forma muy similar. Tanto si es en una thermomix, como en cualquier batidora de vaso o robot de cocina, el objetivo es licuar los ingredientes con el agua. A veces hay que poner antes en remojo algún ingrediente, como las avellanas, o añadirlo una vez preparado. Recomendaciones al colar la mezcla:

> **Colar el licuado**
> 1. Para colar la leche vegetal se necesita un paño de algodón, un bol grande, un colador grande y el mango de un mortero o almírez.
> 2. Una vez preparada, se vierte la leche sobre el colador, que previamente habremos cubierto con un paño de algodón.
> 3. La leche colada caerá sobre el bol. Apretar fuertemente el paño de algodón para que se quede en él la pulpa.
> 4. Para presionar mejor (y no quemarnos) se puede usar el mango de mortero.

ALGUNAS LECHES VEGETALES

Leche de frutos secos

1 taza de 250 ml de frutos secos permite elaborar unos 700 ml de leche.

Se elabora con frutos secos crudos y pelados. Puedes elegir entre almendras, anacardos, avellanas, nueces del Brasil o nueces de Macadamia. Ponlos en remojo durante 8-24 horas. Escúrrelos, enjuágalos y déjalos en remojo de nuevo.

Haz este proceso una o dos veces. Mezcla 1 parte de frutos secos remojados con 2 partes de agua. Tritúralos 2 minutos hasta que adquieran la consistencia de una pasta homogénea y cremosa.

Si quieres que la leche quede bien suave, cuélala utilizando un paño de muselina o una bolsita especial para colar leches vegetales. Una vez colada, retuerce la tela para extraer el máximo de líquido posible. A continuación, diluye la leche a tu gusto.

Leche de semillas
1 taza de 250 ml de semillas permite elaborar unos 650-800 ml de leche.
Se elabora con semillas crudas. Puedes elegir entre semillas de cáñamo, de girasol, de calabaza o de sésamo. Pon a remojar las semillas en agua durante al menos 4 horas. Escúrrelas y enjuágalas bien. Mezcla 1 parte de semillas remojadas con 3 o 4 partes de agua, según lo espesa que te guste la leche, y tritúralas un mínimo de 2 minutos, a la máxima potencia, hasta que adquieran la consistencia de una pasta homogénea y cremosa. Si quieres que la leche quede suave, cuélala utilizando un paño de muselina o una bolsita especial para colar leches vegetales. Una vez colada, retuerce la tela para extraer el máximo de líquido posible.

Leche de avena
Para unos 650 ml de leche.
Enjuaga 100 g de copos de avena en agua fría, cúbrelos con agua recién hervida y déjalos 20 minutos en remojo. Si lo prefieres, puedes ponerlos a remojar toda la noche en agua fría. Cuélalos, enjuágalos y ponlos en una batidora.

Añade 750 ml de agua fría y tritura los copos hasta que adquieran la consistencia de una pasta homogénea y cremosa.

Si quieres que la leche de avena quede bien suave, cuélala utilizando un paño de muselina o una bolsita especial para colar leches vegetales. Una vez colada, retuerce la tela para extraer el máximo de líquido posible.

Pon la leche en una batidora limpia, tritúrala y cuélala de nuevo. Repite este proceso si quieres que te quede más suave todavía.

Leche de arroz
Para unos 600 ml de leche.

Tuesta 60 g de arroz pardo o blanco (con el primero se obtiene un sabor más intenso) en una sartén sin grasa ni aceite, hasta que desprenda su aroma y empiece a dorarse. Cuécelo, como sueles hacerlo normalmente, hasta que esté tierno. Cuela el agua sobrante y pon el arroz en una batidora. Añade 650 ml de agua fría y tritúralo a la máxima potencia hasta que adquiera la consistencia de una pasta homogénea y cremosa. Pasa la mezcla por un colador fino por si ha quedado algún grano sin triturar. Si prefieres la leche menos espesa, añádele un poco de agua.

Leche de soja
Para unos 500 ml de leche.

Cubre 85 g de habas de soja secas con 600 ml de agua hirviendo. Déjalas 12 horas en remojo y cambia el agua (puedes utilizar agua fría) al menos una vez. Escurre las habas, enjuágalas y ponlas en una batidora. Añade 500 ml de agua fría y tritúralas hasta que adquieran la consistencia de una pasta homogénea. Cuela la leche resultante utilizando un paño de muselina o una bolsita especial para colar leches vegetales. Una vez colada, retuerce la tela para extraer el máximo de líquido. Tritúrala de nuevo hasta conseguir una mezcla homogénea. Ponla en un cazo y déjala cocer a fuego lento durante 20 minutos, removiéndola de vez en cuando. Añádele 1 cucharadita de esencia de vainilla y otra de azúcar extrafino, y déjala enfriar.

Leche condensada

Mezcla, en un cazo de fondo reforzado, 1 litro de leche vegetal con 80 g de azúcar extrafino y una pizca de sal marina en escamas. Deja cocer la mezcla a fuego muy lento, removiéndola con frecuencia, hasta que se reduzca a aproximadamente 350 ml. Este proceso puede tardar en torno a 1 hora.

Añade 1 cucharadita de esencia de vainilla y remuévela de nuevo.

LECHE DE CEBADA CON COCO

Para 1, 5 litros

INGREDIENTES:

• 1,3 litros de agua mineral
• 30 g de cebada perlada en grano
• 50 g de coco rallado
• 80 g de azúcar integral de caña o panela
• 1 cucharada de aceite de girasol virgen
• 1 cucharada de azúcar vainillado o aroma de vainilla.

1. Pon todos los ingredientes en el vaso de la batidora o del robot de cocina. Tiempo: 10 minutos. Temperatura: 90ºC. Velocidad 6.

2. Cuela como en la receta básica.

LECHE DE SOJA AL CACAO

Para 1,5 litros

INGREDIENTES:

• 1,5 litros de agua mineral
• 90 g de habas de soja
blanca o amarilla
• 20 g de cacao puro
• 1 cucharada de aceite de
girasol virgen
• 80 g de azúcar integral
o sirope
• 1 cucharada de azúcar
vainillado o aroma de
vainilla.

1. Vierte las habas remojadas en el vaso de la batidora (o robot de cocina) y añade el resto de los ingredientes. Tiempo: 2 minutos. Velocidad: 5, 7 y 9. Programa de nuevo: Temperatura: 90ºC. Velocidad 5.

2. Cuela como en la receta básica.

YOGUR CON LECHE DE SOJA

Para 1 litro de yogur
Tiempo de preparación:
5 minutos y hasta 6 horas
de fermentación.
Cocción: unos 5 minutos

INGREDIENTES:
• 1 litro de leche de soja
• 2 cucharaditas de agar-agar en polvo
• 4 g de cultivos probióticos en polvo
• Los saborizantes que desees (opcional): endulzantes, vainilla, cacao en polvo, puré de frutas y especias (canela…)

1. Vierte la leche de soja en un cazo y llévala a ebullición. Incorpora el agar-agar en polvo y bate la mezcla. Déjala cocer 3 minutos, removiéndola constantemente para evitar que se pegue.

2. Retira la leche del fuego y déjala enfriar lo suficiente como para que puedas introducir un dedo en ella sin quemarte. Añade los cultivos probióticos y remuévela de nuevo.

3. Si dispones de una yogurtera, traslada la mezcla a los tarros apropiados y elabora el yogur siguiendo las instrucciones del aparato. Si no, vierte la mezcla en tarros y colócalos en una bandeja de horno cubiertos con un paño.

4. Enciende la luz piloto del horno (¡sin encender el horno!), introduce la bandeja y no saques los tarros hasta que la mezcla se haya espesado y presente un sabor ligeramente ácido. Según el horno que utilices, este proceso puede tardar hasta 6 horas.

5. Puedes guardar el yogur en el frigorífico, en un recipiente cerrado, un máximo de 3 días.

SÚPER GACHAS
RECETA BÁSICA DE «PORRIDGE»

Para 4 personas.
Tiempo de preparación:
15-20 minutos

INGREDIENTES:

• 100 g de copos de avena
• 30 g de harina de maca
• 1 litro de leche de soja
(o de avena)
• sirope de ágave o
endulzante al gusto.
• 4 cucharadas de canela
molida

1. Se pone a hervir la leche de soja con el azúcar integral y la ramita de canela.

2. Cuando comience a hervir le agregamos los copos de avena y la harina de maca (raíz rallada, en polvo) y removemos un poco mientras se va cocinando, hasta que espese y se ponga cremosa (unos 15 minutos).

3. Cuando se ha formado el puré ya se puede comer, espolvoreando por encima un poco de canela en polvo.

Notas del chef. El porridge es un desayuno tradicional escocés que se está popularizando en todas partes. Resulta muy energético e ideal en invierno. Puede recordar a las "gachas" españolas (¡pero sin problemas con las grasas!).

PERAS RELLENAS DE AVENA TOSTADA

Para 6 personas

INGREDIENTES:

• 1 taza de copos de avena
• 1/3 de taza de azúcar integral de caña
• 1/4 de taza de almendras laminadas
• 1/2 cucharadita de canela en polvo
• 1/4 de taza de margarina vegana no hidrogenada
• 3 cucharadas de uvas pasas
• 2 peras

1. Precalentar el horno a 180ºC.

2. Mezclar en un bol 1 taza de copos de avena con 1/3 de taza de azúcar integral, ¼ de taza de almendras laminadas y ½ cucharadita de canela en polvo.

3. Derretir en un cazo a fuego medio ¼ de taza de margarina, remover para que no se queme. Verter la margarina derretida sobre la avena. Añadir también 3 cucharadas de uvas pasas.

4. Cortar 2 peras, sin pelarlas, a la mitad y quitarles el corazón.

5. Colocar las mitades de pera en un plato apto para horno y pintar con un poco de margarina derretida. Rellenar con la mezcla de la avena.

6. Hornear 25 minutos hasta que las peras estén tiernas y el relleno de avena se haya dorado ligeramente.

TOSTADAS CON HORTALIZAS

INGREDIENTES:

- 3 rebanadas de pan de molde integral
- 1 aguacate
- 1 pepino
- 1 rábano
- crema de queso vegano (o crema de tofu)
- reducción de vinagre de modena
- sal y pimienta negra
- eneldo fresco

1. Pelar, deshuesar y cortar en láminas el aguacate.

2. Lavar el pepino y el rábano y cortar en finas láminas con la ayuda de una mandolina.

3. Untar las tostadas con la crema de veggie queso o de tofu y cubrir una de ellas con el aguacate cortado, otra con las láminas de pepino y la última con las láminas de rábano.

4. Salpimentar las tostadas y añadir un poco de eneldo fresco. Por último, regar con unos hilos de reducción de vinagre de módena.

PAN, HUMUS Y AGUACATE

INGREDIENTES:
• rebanadas de pan integral
• 1 aguacate
• semillas de sésamo

para el humus:
• 400 g de garbanzos
cocidos
• 2 cucharadas grandes
de tahini
• 1 diente de ajo
• 1/3 de una cucharadita
de sal
• 1/2 cucharadita
de comino molido
• el zumo de medio limón
• un chorrito de aceite
de oliva virgen
• 1/2 vaso de agua

1. Enjuagar bien los garbanzos bajo el chorro de agua del grifo. Escurrir y ponerlos todos en el vaso de la batidora.
2. Añadir a los garbanzos el diente de ajo pelado, la sal, el comino, el zumo de limón y la salsa tahini. Batir bien y añadir agua poco a poco hasta que quede una mezcla cremosa, pero con cuerpo. Agregar un chorrito de aceite de oliva y mezclar.
3. Untar las rebanadas de pan integral con el humus.
4. Pelar, deshuesar y cortar en láminas el aguacate.
5. Cubrir las tostadas con humus con láminas de aguacate y decorar con unas semillas de sésamo.

COPA DE CREMA DULCE CON FRUTAS

Para 2-3 personas

INGREDIENTES:
• 1 taza de fresas o de frambuesas
• 2 melocotones,
• 2 kiwis
• 1/3.de melón dulce (todo cortado a trozos medianos)
• una pizca de sal
• 3 tazas de leche de arroz
• endulzante natural y canela en rama
• la ralladura de 1 naranja y su zumo
• 2-3 cucharadas soperas de harina de maíz o arruruz para espesar

1. Cortar toda la fruta a trozos medianos, añadir el zumo de naranja y una pizca de sal y dejar macerar 30 minutos o más.

2. Calentar la leche de arroz con la canela, la ralladura y endulzante al gusto. Diluir el espesante con un poco de agua fría y remover constantemente hasta que espese. Dejar enfriar totalmente.

3. Repartir la mitad de la fruta macerada en el fondo de copas individuales. Luego, una capa con la crema dulce y a continuación el resto de la fruta. Servir frío.

CREMA DE MANZANA Y PLÁTANO

Para 4 personas
Tiempo de preparación:
unos 15 minutos

Ingredientes:
• 2 plátanos
• 200 g de compota de
manzana
• 2 cucharadas de zumo de
limón
• 1 cucharadita de vainilla
en polvo
• 200 g de tofu natural
• 2 cucharadas de almendras
picadas
• un poco de leche de arroz,
si es necesario

1. Pele 1 plátano y tritúrelo junto con la compota de manzana, el zumo de limón y la vainilla en polvo.
2. Corte el tofu en dados grandes, agréguelo y trabaje todo hasta obtener una crema homogénea. A continuación, incorpore las almendras picadas.
3. Si la crema es muy espesa, añada un poco de leche de arroz. Reparta la crema en cuencos.
4. Pele el segundo plátano, córtelo en rodajas y adorne la crema. Sirva inmediatamente.

Notas del chef.
Esta crema también
resulta deliciosa
con tofu de seda o
quark de soja.

CIRUELAS CON MUESLI

Para 4 personas

INGREDIENTES:
- 750 g de ciruelas maduras, sin hueso, partidas por la mitad
- 75 g de copos de avena grandes
- 50 g de almendra laminada
- 50 g de pacanas peladas y troceadas
- 4 cucharadas de sirope de ágave
- 2 cucharadas de azúcar demerara
- 50 g de margarina vegana
- yogur de soja, para acompañar
- una pizca de sal
- 3 tazas de leche de arroz
- endulzante natural y canela en rama
- la ralladura de 1 naranja y su zumo
- 2-3 cucharadas soperas de harina de maíz o arruruz para espesar

1. Cortar toda la fruta a trozos medianos, añadir el zumo de naranja y una pizca de sal y dejar macerar 30 minutos o más.

2. Calentar la leche de arroz con la canela, la ralladura y endulzante al gusto. Diluir el espesante con un poco de agua fría y remover constantemente hasta que espese. Dejar enfriar totalmente.

3. Repartir la mitad de la fruta macerada en el fondo de copas individuales. Luego, una capa con la crema dulce y a continuación el resto de la fruta. Servir frío.

SNACK DE SEMILLAS

Tiempo de elaboración:

25 minutos aproximadamente

INGREDIENTES:
- 2 cucharadas de aceite vegetal suave (de oliva de primera presión en frío, de sésamo o de girasol)
- 3 cucharadas de sirope de ágave
- 1 taza de semillas variadas (calabaza, girasol, lino y sésamo)
- 1/4 de taza de frutos rojos desecados (o uvas pasas)
- 1 cucharada de piel rallada de naranja biológica

1. Calentamos el horno a 180ºC.

2. En un bol mezclamos muy bien todos los ingredientes, de manera que se integren bien unos con otros.

3. Colocamos una hoja de papel vegetal en una bandeja para horno y extendemos la mezcla. Procuramos que quede bien plana colocando otra hoja encima y presionando con suavidad.

4. Retirar la hoja de arriba y llevar la bandeja al horno. Cocer hasta que se vea dorado, aproximadamente unos 18-20 min.

5. Retiramos y dejamos enfriar. Luego con cuidado rompemos trozos con la mano. Reservar en un recipiente hermético. Recordad que las semillas han de ser al natural: sin sal ni azúcar, sin tostar... ¡ni fritas! Para facilitar que se amalgamen los ingredientes puedes añadir una pequeña cantidad de harina integral al hacer la mezcla.

BATIDO DE FRESA CON SEMILLAS DE CHÍA

Para 2 personas
Tiempo de preparación:
unos 12 minutos

INGREDIENTES:

• 1 cucharadita de
cacahuetes tostados salados
• 1 ramita de menta fresca
• 400 g de fresas
• 2 cucharadas de crema
de cacahuete
• 3 cucharaditas de semillas
de chía
• 300 ml de leche entera
• opcional: hielo picado
o en cubitos

Nuestro consejo.
Las fresas
contienen
antioxidantes,
que protegen
el organismo y
neutralizan los
radicales libres,
causantes de
diversas dolencias.
Las comidas
líquidas dan menos
trabajo al aparato
digestivo.

1. Pique finos los cacahuetes. Lave la menta y sacúdala para secarla. Arranque las hojas y píquelas finas. Lave las fresas, quíteles el rabillo y póngalas en el vaso de la batidora con los cacahuetes, la menta, la crema de cacahuete, las semillas de chía y la leche.
2. Tritúrelo todo bien y sirva el batido (opcionalmente con hielo picado o en cubitos).

BATIDO DE MANZANA Y ZANAHORIA

Para 2 personas
Tiempo de preparación:
unos 10 minutos

INGREDIENTES:

• 1 pomelo
• 2 manzanas dulces
• 200 ml de zumo de zanahoria
• 100 ml de zumo de manzana sin filtrar
• 2 cucharaditas de sirope de arce
• 1 cucharada de copos de avena
• canela al gusto y (opcional), cubitos de hielo

1 Exprima el pomelo. Lave las manzanas, descorazónelas y trocéelas. Mezcle en el vaso de la batidora los zumos de pomelo, de zanahoria y de manzana, y añada la manzana troceada, el sirope de arce y los copos de avena. Tritúrelo bien.

2 Con un par de cubitos, obtendrá una refrescante bebida veraniega. En invierno podrá darle un toque festivo con una pizca de canela.

Nuestro consejo.
El pomelo estimula el metabolismo de las grasas del hígado. Las comidas líquidas descargan de trabajo al organismo, que entonces se dedica a eliminar toxinas.

53

BATIDO DE PIÑA Y COCO CON COPOS DE AVENA

Para 2 personas
Tiempo de preparación:
unos 10 minutos

INGREDIENTES:

• 4 cucharadas de copos de avena
• 300 ml de leche de soja sin azúcar
• 100 ml de leche de coco sin azúcar
• 1/2 piña y 2 plátanos

1 Remoje los copos de avena en las leches de soja y de coco mezcladas. Mientras tanto, pele la piña, pártala por la mitad y deseche el troncho central. Córtela en dados grandes. Pele los plátanos y trocéelos también.

2 Vierta la leche con copos de avena en el vaso de la batidora o en el robot de cocina y añada los trozos de piña y de plátano. Tritúrelo y resérvelo bien frío hasta el momento de servirlo.

Nuestro consejo.
Los copos de avena y los plátanos son ricos en vitamina B6, que fortalece el sistema inmunitario. La piña alivia la hiperacidez y ayuda a adelgazar. Las comidas líquidas dan menos trabajo al aparato digestivo, de forma que el organismo puede aprovechar esa energía para expulsar toxinas.

ENSALADAS

ENSALADA DE QUINOA Y VERDURAS EN TARRO

Para 2 personas

INGREDIENTES:
- 200 g de quinoa cocida
- 100 g de brócoli cocido
- 50 g de calabaza cocida
- 6 tomates cherry
- brotes de ensalada

Vinagreta:
- 125 ml de aceite de oliva virgen extra
- 3 cucharadas de jugo de limón
- 3 cucharadas de vinagre de vino tinto
- 2 dientes de ajo prensados
- 1 cucharadita de orégano seco
- 1/2 cucharadita de azúcar
- 1 pizca de sal gruesa
- pimienta negra al gusto

1. Para hacer la vinagreta, en un bol mezclar todos los ingredientes con unas varillas hasta que emulsione. Reservar.

2. En un tarro de cristal poner capas de quinoa, bróculi, calabaza cocida y cortada en dados, tomates cherry en mitades y brotes de ensalada. 3. Aliñar con la vinagreta.

ENSALADA VERDE CON BRÓCOLI Y REMOLACHA

Para 2 personas

INGREDIENTES:
• 1 aguacate
• 100 g de brócoli cocido
• 2 zanahorias
• 100 g de remolacha cocida
• 100 g de queso feta
vegano
• 50 g de canónigos

Vinagreta de mostaza:
• 3 cucharadas de aceite de
oliva virgen extra
• 1 cucharada de vinagre
de jerez
• 1 cucharada de mostaza
de Dijon
• sal y pimienta al gusto

1. Poner en un bol el brócoli, las zanahorias peladas y picadas junto con la remolacha y el queso feta todo picado. Añadir los canónigos y el aguacate picado.
2. Para preparar la vinagreta, mezclar todos los ingredientes hasta conseguir una salsa homogénea.
3. Aliñar la ensalada con la vinagreta.

ENSALADA FLORENTINA

Para 6-8 raciones
Tiempo elaboración:
25 minutos

INGREDIENTES.
Para la ensalada:
• 500 g de macarrones
de arroz
• 1/2 taza de alga dulse
• 1 manojo de espinacas
frescas
• 3 tomates de ensalada
• 100 g de aceitunas
deshuesadas
• 1 cebolla blanca
• 150 g de tofu cortado a
tacos
• 1 taza de nueces troceadas

Para la mahonesa sin huevo
• 1/4 de vaso de bebida de
soja
• 2 dientes de ajo
• el zumo de medio limón
• 1 cucharada de vinagre
de manzana
• 1/2 litro de aceite de oliva
virgen extra
• la punta de 1 cucharadita
de cúrcuma

1. Preparamos la mahonesa. Ponemos en el vaso de un minipimer los ajos pelados y troceados, el zumo de limón, el vinagre, la cúrcuma, la bebida de soja y la mitad del aceite.

2. Introducimos el brazo del minipimer hasta que toque fondo y trituramos. Vamos añadiendo el resto del aceite sin dejar de batir, muy poco a poco. Finalmente subimos y bajamos el brazo del minipimer repetidas veces para completar la emulsión. Reservamos.

3. Ponemos a calentar 2 litros de agua con una cucharadita sal y 2 de aceite; cuando comience a hervir, echamos los macarrones y los dejamos cocer durante 12 minutos, luego los escurrimos y los refrescamos bajo el agua fría.

4. Pelar y cortar la cebolla en juliana. Lavamos las espinacas y las troceamos.

5. Ponemos en remojo las algas con muy poquita agua, luego las escurrimos bien.

6. Ponemos los macarrones en una fuente y añadimos el resto de ingredientes. Servimos con la mahonesa.

Nuestro consejo. Para darle otro sabor, puedes saltear los tacos de tofu con un chorrito de aceite de oliva, salsa de soja y un poquito de pimentón.

MEZCLUM DE ENSALADAS CON TOMATE SECO

Para 2 personas

INGREDIENTES:
• 400 g de hojas de lechugas variadas
• 200 g de tomates secos marinados
• aceite de oliva virgen extra
• vinagre de Módena, sal y pimienta

1. Poner la mezcla de lechugas en un bol. Reservar.

2. Escurrir los tomates de su marinada, cortar por la mitad, añadir a la ensalada y reservar.

3. En un bol batir el vinagre de Módena con un poco de sal y pimienta, añadir poco a poco el aceite, sin cesar de batir para formar una vinagreta, y rociar con ella la ensalada.

ENSALADA DE BROTES DE SOJA

Para 2 personas

INGREDIENTES:
• 350 g de brotes germinados de soja
• 150 g de maíz dulce
• 4 tomates
• hojas de menta o hierbabuena para decorar
• aceite de oliva virgen extra
• vinagre de Módena y sal

1. Lavar y cortar en rodajas los tomates, desechando la parte de arriba.

2. Colocar en el centro de una ensaladera o fuente las rodajas de tomate natural, los brotes de soja germinada escurridos y el maíz escurrido.

3. Aliñar con aceite de oliva virgen, vinagre de módena y sal. Mezclar bien antes de servir.

ENSALADA DE QUINOA CON ESPINACAS Y GRANADA

2 personas

INGREDIENTES:
• 2 cucharadas de margarina vegana, no hidrogenada
• 1 cucharada de aceite de oliva virgen extra
• 1 taza de cebolla roja picada
• 1/2 taza de zanahorias en juliana
• 2 tazas de quinoa, enjuagados y escurridos
• 4 tazas de agua
• 1 taza de cebollino cortado en rodajas finas
• 1/4 taza de perejil picado
• 1/4 taza de menta fresca picada
• 1 taza de semillas de granada
• 50 g de brotes de espinaca

Para la vinagreta de limón:
• 6 cucharadas de zumo de limón fresco
• 2 cucharadas de chalotas picadas
• 1 cucharada de ralladura de limón
• 1 cucharadita de sirope de ágave
• 1 taza de aceite de oliva virgen extra
• sal y pimienta al gusto

1. Calentar una sartén mediana a fuego medio. Agregar la margarina y el aceite de oliva. Cuando la margarina se derrita, añadir la cebolla roja y la zanahoria y saltear hasta que estén suaves, unos 5 minutos. Añadir la quinoa a la olla y cubrirlos bien. Sofreír 2 minutos.

2. Agregar el agua, remover y llevar a ebullición. Cuando el agua hierva, reducir el fuego, cubrir y cocinar a fuego lento durante 15 minutos o hasta que la quinoa esté tierna.

3. Retirar la mezcla de la quinoa en un tazón grande y extenderla un poco para facilitar que se enfríe.

4. Para la vinagreta, mezclar el zumo de limón y las chalotas en la batidora. Con la batidora en la velocidad más baja, lentamente, verter lentamente el aceite de oliva hasta que quede emulsionado. Sazonar con sal y pimienta.

5. Añadir aproximadamente la mitad de la de la vinagreta y mezclar. La quinoa absorberá los sabores de la vinagreta. En este punto poner la quinoa en la nevera durante un rato para que se enfríe.

6. Justo antes de servir, agregar el resto de los ingredientes de la ensalada a la quinoa y mezclar suavemente. Mezclar con el resto de la vinagreta y servir.

ENSALADA DE COL RIZADA Y COLES DE BRUSELAS CON ALMENDRAS

Para 2 personas

INGREDIENTES:
• 2 tazas de coles de Bruselas
• 1 manojo grande de col rizada, sin el tallo central
• 2 chalotas pequeñas, peladas
• 1/2 taza de almendras laminadas
• 1/4 taza queso parmesano vegano, rallado

Para el aderezo:
• 1/2 taza aceite de oliva virgen extra
• 1/4 taza de jugo de limón fresco
• 2 cucharadas de mostaza de Dijon
• 1 diente de ajo pequeño, picado o rallado muy finamente
• sal y pimienta negra recién molida

1. Lavar y picar las coles de Bruselas.

2. Cortar finamente la col rizada y las chalotas. Pasar todo a una ensaladera grande y mezclar para combinar.

3. Preparar el aderezo mezclando todos los ingredientes. Aderezar la ensalada, esparcir las almendras y el queso parmesano.

ENSALADA DE GARBANZOS

Para 2 personas

INGREDIENTES:
- 100 g de guisantes cocidos
- 2 zanahorias
- 10 tomates cherry
- 100 g de canónigos
- 50 g de bróquil cocido
- aceite de oliva virgen extra
- sal y pimienta

1. Poner en un tarro de cristal una base de garbanzos cocidos. Sobre ella poner una capa de zanahoria rallada.
2. Cortar los tomates cherry en mitades y hacer con ellos otra capa.
3. Poner una capa de brócoli y sobre esta una de canónigos y terminar cubriendo con una de garbanzos.
4. Salpimentar y regar con aceite de oliva.

ENSALADA CON NUECES, AGUACATE, CILANTRO Y MENTA

Para 4 personas

INGREDIENTES:

- 50 g de quinoa
- 1 aguacate o 100 g de pulpa limpia por aguacate
- 1/2 pimiento rojo (90 g)
- 1/2 pimiento verde (90 g)
- 1 cebolleta tierna (150 g)
- 1/2 pepino (75 g)
- 1 tomate y 1 limón
- 50 g de brotes de ensalada variados
- 50 g de nueces
- 2 ramas de menta fresca
- 4 ramitas de cilantro fresco
- 2 ramas de perejil
- 4 cucharadas de aceite de oliva virgen extra
- sal y pimienta

1. Poner a calentar 500 ml de agua salada, cuando rompa a hervir añadir la quinoa, tapar y cocer a fuego bajo durante 10 minutos, apagar el fuego y dejar reposar 5 minutos sin destapar, estirar en una bandeja para que se enfríe.

2. Pelar, deshuesar y cortar el aguacate en daditos. Lavar los pimientos, la cebolleta, el pepino y el tomate, cortar todo en daditos pequeños. Exprimir el limón para extraer su zumo. Lavar, secar y picar la menta, el cilantro y el perejil. Picar las nueces.

3. Mezclar la quinoa con todas las verduras, las nueces y las hierbas frescas, añadir el aceite de oliva, el zumo de limón, sal y pimienta.

4. Servir en los platos con la ayuda de un molde cilíndrico decorando con brotes de ensalada variados.

ENSALADA DE COL BLANCA Y ZANAHORIAS

Para 4 personas
Tiempo de preparación: unos 20 minutos

INGREDIENTES:

• 1/2 col blanca
• 3 zanahorias
• 2 partes verdes de las cebollas tiernas.
• 1 yogur de soja natural (opcional)
• aceite de oliva virgen extra, sal y vinagre de sidra

1. Cortar muy fina la col, a mano o con mandolina.

2. Rallar o cortar también las zanahorias en tiras con mandolina.

3. Preparar el aliño con un poco de yogur, vinagre de sidra, aceite de oliva y sal.

4. Mezclar todo y añadir la parte verde más tierna de la cebolla cortada fina.

ENSALADA DE PAN A LA SICILIANA

Para 4 personas
Tiempo de elaboración: unos 20 minutos

INGREDIENTES:

• 300 g de chapata
• 2 dientes de ajo
• 40 g de piñones
• 6 cucharadas de aceite de oliva virgen extra
• 1 cucharada de sirope de arce
• 3 cucharadas de vinagre balsámico
• sal y pimienta
• 80 g de aceitunas verdes sin hueso
• 250 g de tomates cherry
• 1 pepino biológico grande
• 1/2 cebolla
• 1 manojo de albahaca

1. Corte el pan en dados del tamaño de un bocado. Pele y pique el ajo. Caliente 3 cucharadas de aceite en una sartén y tueste ligeramente los dados de pan junto con el ajo y los piñones.

2. Para elaborar el aliño, mezcle el resto del aceite con el jarabe de arce y el vinagre. Salpimiente al gusto. Corte las aceitunas por la mitad. Lave los tomates y córtelos también por la mitad. Lave el pepino, córtelo por la mitad y luego en rodajas diagonales. Arranque las hojas de albahaca. Corte la cebolla en tiras finas.

3. Mezcle las verduras en un bol con el aliño y sazone nuevamente. A continuación, agregue el contenido de la sartén. Sirva la ensalada inmediatamente.

ENSALADA HORTELANA CON SALSA DE CACAHUETE

Para 2 personas

INGREDIENTES:
• 1 calabacín grande,
en tiras largas
• 1 pimiento amarillo grande,
en tiras largas
• 1 taza col morada, picada
finamente en tiras
• 1 taza zanahoria,
en tiras largas
• 2 cucharadas salsa de soja
(tamari)
• 2 cucharadas de aceite
de sésamo o ajonjolí
• 1 cucharada de sirope
de ágave
• 1 cucharada de crema
de cacahuate
• 1/2 cucharadita de ajo
picado
• 1/2 cucharadita de
sriracha (salsa picante)
• jugo de 1 limón grande
• 2 cucharadas de cilantro
• 1 cucharada de albahaca
fresca

1. Mezclar las verduras picadas en una fuente. Reservar.

2. Mezclar en un bol grande la salsa de soja, el sirope, crema de cacahuate, aceite de sésamo, el ajo picado, el jugo de limón y la salsa sriracha.

3. Cuando está bien mezclado agregar a la fuente con las verduras. Mezclar muy bien todo y agregar el cilantro y la albahaca fresca.

ENSALADA DE AGUACATE Y MANZANA

Para 4 personas
Tiempo preparación:
10 minutos

INGREDIENTES:
• 2 manzanas Golden o
Granny Smith (las verdes)
• 2 aguacates
• 3 tomates secos en
conserva
• 1 limón
• aceite de oliva virgen extra
• sal marina, vinagre de
arroz (optativo)

1. Cortamos las manzanas en dados y las rociamos apenas con zumo de limón. Cortamos los aguacates de la misma manera y también rociamos con limón para que no oscurezcan.

2. Cortamos los tomates en tiras y cortados pequeño.

3. Mezclamos todo en una ensaladera pequeña y aliñamos con aceite de oliva, sal marina y, si con el limón con que rociamos las manzanas y aguacates no tenemos suficiente, añadir unas gotas de vinagre de arroz.

«DIPS».
ENSALADA DE CRUDITÉS

INGREDIENTES
(sugerencia orientativa):
Zanahoria, pimientos rojos, apio, calabacines, cebollas tiernas, rábanos, tomates, lechuga, aceitunas negras, brotes de soja, berros.

1. Cortamos las zanahorias, los pimientos rojos, el apio, los calabacines y las cebollas tiernas a tiras finas.

2. Colocamos todos los ingredientes por separado en boles y los presentamos sin aliñar.

3. Aparte preparamos varias salsas diferentes, o bien patés, guacamoles o hummus, para aderezar la ensalada.

Notas del chef. Es una excelente idea para compartir con la familia o los amigos y llenar la mesa de color y variedad y con un sinfín de hortalizas que podemos mezclar según la temporada y nuestras preferencias.

ENSALADA DE PAPAYA VERDE

Para 4 raciones
**Tiempo preparación:
25 minutos**

INGREDIENTES
Para la ensalada:
• 300-400 g de papaya
verde pelada y rallada o
cortada en juliana
• 30 g de cacahuetes
pelados y tostados
• 2 zanahorias peladas y
ralladas o cortada en juliana
• 50 g de judías verdes
• 1 cebolla tierna
• 100 g de tomates cherry
o tomates pequeños
• 150 g de seitán

Para la vinagreta:
• 1-2 dientes de ajo, pelados
y picados
• 2 cucharadas de azúcar
integral de caña
• 2 chiles tai frescos
(opcional, o reemplazar
por otra variedad de chile)
• 1 cucharada de pasta
de tamarindo
• 4 cucharadas de salsa
de soja
• el zumo de 2-3 limas

1. Preparamos la vinagreta: mezclamos el ajo picado con uno de los chiles sin semillas, la pasta de tamarindo, el azúcar integral y la salsa de soja en un mortero o lo procesamos con un minipimer; agregamos el zumo de lima y mezclamos bien. Reservar.

2. Escaldamos la judía verde en agua hirviendo durante 3-4 minutos, la colamos y refrescamos en agua bien fría, y la cortamos en juliana irregular. También cortamos los tomatitos y la cebolla tierna.

3. Cortamos el seitán en cuadraditos y lo salteamos con un chorrito de aceite de oliva durante unos 4 minutos.

4. Quitamos las semillas del chile que nos quedó y lo picamos. Cuidado al manipularlo, mejor utilizar guantes.

5. Montamos la ensalada utilizando de base la papaya verde, incorporamos el resto de ingredientes alternativamente y aliñamos con la vinagreta. Servimos.

ENSALADA DE ATÚN VEGETAL

Para 6 raciones
Tiempo de elaboración:
25 minutos, más tiempo de
cocción de la legumbre

INGREDIENTES:
• 500 g de garbanzos
• 2 cebollas rojas pequeñas
• 4 ramas de apio sin las
hojas
• 150 g de pepinillos
• 200 g de mayonesa de soja
(veganesa)
• 3 hojas de alga wakame
(o el equivalente en hebras)
• el zumo de 2 limones
• sal y pimienta al gusto.

1. Dejar en remojo los garbanzos la noche anterior, luego cocinarlos con abundante agua y sal hasta que estén tiernos. Dejar enfriar y picarlos bien finos con la ayuda de una batidora (en seco).

2. Poner en remojo las algas durante 20 minutos mientras picamos el resto de ingredientes en diferentes tamaños para que se diferencien entre ellos.

3. Poner los garbanzos en un recipiente, añadir los vegetales picados y aderezar con el zumo de limón, sal y pimienta.

4. Picar las algas en la batidora, mezclarlas con la veganesa y añadir a la ensalada, mezclar bien y dejar enfriar en la nevera durante al menos una hora.

APERITIVOS

SALSAS, SNACKS Y PATÉS

BABA GANOUSH (CREMA-PATÉ DE BERENJENA)

Para 4 raciones
Tiempo de elaboración:
unos 50 minutos

INGREDIENTES:
• 1 berenjena grande
• 1 cucharadita de sal
• 3 dientes de ajo
• 1/4 taza de jugo de limón (al gusto)
• 2 cucharadas de tahini (pasta de sésamo), al gusto
• 1 cucharada de comino molido, al gusto

1. Precalentar el horno a 210 ºC (o asar la berenjena en una barbacoa).

2. Se asa la berenjena al horno o sobre una llama abierta antes de pelarla, para eliminar el exceso de agua y que la pulpa quede suave y adquiera un sabor ahumado. Con un tenedor, hacemos múltiples agujeros en la berenjena y la colocamos en un plato para hornear.

3. Se cocina unos 45 minutos, hasta que esté sin agua. Se deja enfriar hasta que podamos quitarle la piel de forma segura.

4. Pelamos la berenjena y la ponemos en una batidora turmix de las de vaso.

5. Añadimos la sal, el ajo, el jugo de limón y el tahini y batimos hasta que quede suave.

6. Se sirve espolvoreando con comino y acompañada de verduras a elegir.

Notas del chef. Los condimentos convierten el paté de berenjena «Baba Ganoush» en algo sabrosísimo; el plato es tradicional también en Siria, Israel y el Norte de la India.

• El Baba Ghanoush se suele comer como un «dip» con pan pita y a veces se añade a otros platos. En algunas partes del mundo es un aperitivo de berenjenas y lo sirven con cebolla finamente cortada en cuadritos, con tomates y otros vegetales.

• Cambiando los condimentos tendréis muchas variantes de la receta. Algunas incluyen la menta y el perejil. Ésta que presentamos es básica pero sabrosa. Se pueden reducir las cucharadas de tahini de 2 a 1.

• La cantidad de jugo de limón y el ajo se puede ajustar al gusto personal; ¡podéis poner un poco más!

BASTONCITOS DE YUCA CON TOFUNESA

Para 4 personas
Tiempo elaboración:
30 minutos

INGREDIENTES:
• 750 g de yuca
• sal marina no refinada
• aceite de oliva virgen extra

Para la tofunesa:
• 150 g de tofu fresco
• 200 ml de aceite de girasol
de primera prensada
• sal marina no refinada
• 2 dientes de ajo
• 200 ml de leche de soja
• unos brotes de col
lombarda o de otra variedad
para la presentación

1. Pelar la yuca, cortando bastones de unos 7 cm de largo por 2 cm de ancho, aproximadamente.

2. Hervir estos bastones de yuca en abundante agua con sal por unos 15 minutos aproximadamente, dependiendo del grosor. Escurrirlos bien y reservar.

3. Preparar la tofunesa: cortar el tofu en dados y cocerlos en agua durante 10 minutos.

4. Licuar el tofu con el aceite de girasol, la sal y el ajo. Añadir a hilo fino la leche de soja. Reservar.

5. Freír la yuca en abundante aceite, bien caliente.

6. Escurrirlos sobre papel absorbente. Servir los bastones de yuca frita con la tofunesa y decorar con los germinados.

CRUDITÉS DE COLINABO CON MANZANA

Para 4 personas
Preparación:
unos 20 minutos

INGREDIENTES:

• 2 colinabos
• 3 manzanas
• 1 limón
• 300 g de quark desnatado
• el zumo de 1/2 naranja
• sal y pimienta
• 1 pizca de nuez moscada
• 2 cucharadas de aceite de oliva virgen extra
• 2 cucharadas de cebollino picado, para adornar

1. Lave los colinabos y las manzanas. Pélelos, descorazone las manzanas y córtelo todo en rodajas finas. Póngalo en un recipiente. Exprima el limón y vierta por encima el zumo.

2. Mezcle el quark con el zumo de naranja, sal, pimienta, la nuez moscada y el aceite de oliva. Repártalo por encima de la manzana y el colinabo. Espolvoree el cebollino y sírvalo.

NACHOS CASEROS DE NUECES Y GUACAMOLE

Para 4 personas

INGREDIENTES:

Nachos
- 140 g de harina de maíz
- 120 g de semillas de girasol
- 20 g de nueces
- 60 ml de aceite de oliva virgen extra
- 1 y 1/2 cucharadita de sal
- 125 ml de agua

Guacamole
- 2 aguacates
- 1 tomate mediano
- media cebolla o cebolleta
- sal al gusto
- 1 cucharada de hojas de cilantro fresco
- 1 cucharadita de cayena

> **Notas del chef.**
> Con un poco de lima o de limón, y con casi toda clase de aliños, la receta de guacamole es una de las que permiten una mayor variedad de sabores.

1. Para los nachos. Precalentar el horno a 220ºC. Triturar ligeramente las semillas de girasol y las nueces.

2. Poner en un bol grande todos los ingredientes y mezclarlos bien con una cuchara de madera. Añadir el aceite y mezclar. Ir añadiendo agua poco a poco, hasta que llegue el momento de poder hacer una bola con la masa y poder estirar fácilmente sin resquebrajarse. Si queda algo húmeda, seguir trabajándola hasta que quede más seca.

3. Dividir la masa en dos bolas y colocar una de ellas entre dos hojas antiadherentes. Con un rodillo, extender la masa hasta que tenga un grosor de uno 2 mm y marcar con un cuchillo las líneas para que sea fácil romperlos o separarlos.

4. Retirar la hoja de arriba y colocar en una bandeja de horno. Hornear unos 10 minutos o hasta que esté dorada. Dejar enfriar y trocear.

5. Para el guacamole. Cortar el tomate y la cebolla en daditos pequeños.

6. Cortar los aguacates, sacar el relleno y colocarlo en un bol. Con ayuda de un tenedor o una cuchara de madera, aplastar y poner un chorro de limón para que no se oxiden.

7. Incorporar al bol, el tomate y la cebolla cortados, la sal, la cayena y el cilantro. Remover hasta conseguir una mezcla uniforme.

8. Servir junto a los nachos de nueces.

CHIPS DE BONIATO CON PATÉ DE REMOLACHA Y NUECES

Para 4 personas
Tiempo de elaboración:
unos 25 minutos más el
tiempo de remojo

INGREDIENTES.
Para los chips de boniato
• 1 kg de boniatos
• sal al gusto

Paté de remolacha y nueces
• 2 remolachas medianas cocidas
• 50 g de nueces
• 1 diente de ajo
• 20 ml de zumo de limón
• 20 ml de aceite de oliva virgen extra
• sal y pimienta al gusto

1. Pelar los boniatos y cortar con una mandolina en rodajas muy finas. Colocar sobre una bandeja de horno condimentada con sal y dejar 10 minutos a 200ºC. Sacar, dar la vuelta y dejar otros 10 minutos más. Dejar enfriar.

2. Previamente poner en remojo las nueces durante una hora. Una vez haya pasado el tiempo, escurrir.

3. En un vaso de batidora, incorporar las remolachas cortadas en cuartos, las nueces, el diente de ajo pelado, el zumo de limón, la sal, la pimienta y el aceite de oliva. Batir hasta que quede una masa cremosa y compacta. Se puede añadir más aceite de oliva para compensar la textura más o menos espesa.

4. Montar el plato con los chips de boniato y el paté de remolacha y nueces para dippear.

HUMMUS DELICIA

**Para 12 tostadas
(4 personas)
Tiempo de preparación:
30 minutos, más 2 horas de
refrigeración**

INGREDIENTES:

• 1 taza de garbanzos
cocidos
• 5 cucharadas de aceite
de oliva
• 2 cucharadas de jugo
de limón
• 1 diente pequeño de ajo,
picado
• 2 cucharadas de perejil
picado
• 12 tostadas de pan integral
sin sal (pueden ser unas
tortitas de trigo o de arroz)

1. Colocar en el vaso de la batidora trituradora los garbanzos, el aceite de oliva, el jugo de limón, el ajo y el perejil. Procesar hasta formar una pasta lo más lisa posible.

2. Guardar, tapado, en el frigorífico durante unas 2 horas por lo menos, antes de servir con las tostadas.

Nuestro consejo. Los ingredientes para las picadas y patés de este tipo suelen tener un alto contenido en sodio; esta receta es una buena opción para cuidar la salud sin privaciones.
Si se usan garbanzos de bote, ponerlos en un colador y lavarlos con abundante agua fría.

INGREDIENTES:

Para el hummus de
zanahoria y nueces
• 500 g de zanahorias
• 50 g de nueces tostadas
• 400 g de garbanzos
en conserva
• 2 dientes de ajo
• 2 cucharadas soperas
de salsa tahini
• 1 cucharadita de café
de cereales o de comino
en polvo
• 3 cucharadas de zumo
de limón
• 2 cucharadas de aceite
de oliva virgen extra

Tostas
• 4 tostas de pan de centeno
• 2 aguacates
• hummus de zanahoria
y nueces
• brotes germinados de
alfalfa
• sésamo tostado
• aceite de oliva virgen extra

TOSTA DE PAN DE CENTENO CON HUMMUS, NUECES, AGUACATE Y GERMINADOS

1. Pelar las zanahorias y cortar en trozos de unos dos centímetros de grosor. Poner a cocerlas en una cacerola con agua hirviendo hasta que estén cocidas, unos 15 minutos.

2. En un robot de cocina, poner las zanahorias junto los garbanzos, el tahini, el comino, el zumo de limón, los ajos, las nueces tostadas y el aceite de oliva. Si el hummus queda muy espeso, añadir un poco más de zumo de limón. Poner en cuencos y reservar hasta la hora de servir.

3. Servir la tosta de pan de centeno con el hummus de zanahoria y nueces untado. Encima poner unas rodajas de aguacate laminado, brotes de alfalfa, un poco de sésamo tostado y aceite de oliva virgen extra.

PASTA DE ACEITUNAS CON TOMATES DESHIDRATADOS

Para 4 personas
Tiempo de preparación:
unos 10 minutos

INGREDIENTES:

• 125 g de tofu compacto
• 1/2 manojo de perejil
• 1/2 cucharadita de tomillo seco
• 100 g de aceitunas negras sin hueso
• 40 g de avellanas
• 6 tomates marinados en aceite
• 3 cucharadas de aceite de oliva virgen extra
• sal y pimienta

1. Corte el tofu en dados grandes. Lave el perejil, sacuda el exceso de agua y píquelo grueso.

2. Triture con la batidora el tofu y el perejil con el tomillo, las aceitunas, las avellanas y los tomates deshidratados.

3. Incorpore el aceite de oliva muy lentamente. Salpimiente al gusto. Se conserva una semana refrigerada.

PASTA DE PIPAS DE GIRASOL Y CEBOLLINO

Para 1-2 personas
Tiempo de preparación: 15 minutos, más 15 minutos de reposo

INGREDIENTES:
• 100 g de pipas de girasol peladas
• 50 ml de aceite de girasol
• 1 cucharada de mejorana seca
• pimienta negra,
y 1 cucharadita de sal de hierbas
• 1/2 manojo de cebollino
• 1/2 diente de ajo
• 1 cebolla pequeña
• 2 cucharaditas de hierbas provenzales secas

1. Mezcle las pipas de girasol y el aceite en un recipiente alto y vierta suficiente agua hasta que ambos queden ligeramente cubiertos. Agregue la mejorara, la pimienta y la sal de hierbas.

2. Triture todo hasta obtener una mezcla homogénea. Si es necesario, añada más agua de manera que la masa adquiera una consistencia untable.

3. Lave el cebollino, séquelo y píquelo en pequeños cilindros. Pele la cebolla y el ajo, y píquelos finos. Añádalos junto con el cebollino y las hierbas provenzales al puré de pipas de girasol.

4. Deje reposar la pasta en el frigorífico al menos 15 minutos. Se conserva 1 semana refrigerada.

RELISH DE PEPINO

Para 4 personas
Preparación: 20 minutos.
Sin cocción, 30 minutos
para refrigerar

INGREDIENTES:

• 3 pepinos pelados y
cortados en láminas finas
con una mandolina
• 4 dientes de ajo picados
finos
• 5 cebolletas, solo la parte
blanca, picadas finas
• 4 cucharadas de salsa
tamari o de soja
• 4 cucharadas de vinagre
blanco
• 1 cucharada de aceite de
sésamo
• 1 cucharadita de
gochugaru (guindilla roja en
polvo coreana; en tiendas de
cocina asiática)
• arroz jazmín o basmati
cocido, para servir

1. Ponga las láminas de pepino en un bol. Agregue el ajo y las cebolletas, y resérvelas.

2. Eche en un tarro la salsa tamari o de soja, el vinagre blanco y el aceite de sésamo. Añada el gochugaru y remueva bien para que se mezclen.

3. Vierta él aliño sobre las verduras y refrigérelas 30 minutos. Sirva el relish con arroz.

PATÉ DE CHAMPIÑONES Y NUECES

6 personas
Tiempo de elaboración:
unos 15-20. Minutos

INGREDIENTES:

• 500 g de champiñones
• 3 dientes de ajo
• 1 cebolla
• 1 cucharadita de levadura de cerveza
• 80 g de nueces peladas
• 1 cucharada de aceite de oliva virgen extra
• una pizca de sal
• una pizca de pimienta

1. Pelamos y cortamos la cebolla y los ajos en rodajas finas.

2. Calentamos el aceite en una sartén y doramos la cebolla y los ajos a fuego lento durante 2 minutos.

3. Cortamos los champiñones en láminas e incorporamos a la sartén. Mantenemos el fuego a media intensidad hasta que los champiñones adopten un tono tostado.

4. Tostamos las nueces en el horno a 180ºC durante 2 minutos.

5. En el vaso de la batidora trituramos y mezclamos los ingredientes de la sartén con la levadura de cerveza, una pizca de sal y otra de pimienta.

6. Añadimos las nueces y seguimos trabajando en la batidora hasta obtener una crema fina y homogénea.

7. Servimos el paté acompañado de unas rebanadas de pan.

VEGGIE SALSA HOLANDESA

Para 1 taza
Tiempo de elaboración:

INGREDIENTES:

• 1 cucharada de aceite de oliva
• 2 cucharadas de escaluñas picadas (o cebollas dulces tipo Figueres)
• 3/4 de taza de leche de soja
• 1 cucharada y 1/2 cucharadita de fécula de maíz (maicena)
• 1/4 de taza de agua
• 1 y 1/2 cucharada de vinagre
• 1/8 cucharadita de cúrcuma
• 1 cucharada de caldo de verduras en polvo
• 1 cucharada de copos de levadura de cerveza (o de remolacha)
• 1/2 cucharada de jugo de limón
• 1/8 cucharadita de sal marina

1. Calentar el aceite en una cacerola pequeña a fuego medio.

2. Añadir las escaluñas o cebollas y cocinar unos 3 minutos o hasta que estén blandas. Mientras tanto, en una taza de medir mezclamos la leche de soja y la maicena, removiendo con un tenedor hasta que se disuelva. Reservar.

3. Añadimos el agua y el vinagre a las escaluñas, bajamos el fuego y se deja hervir 5 minutos o hasta que el líquido se haya reducido a unas 2 cucharadas.

4. Mientras reduce añadiremos la cúrcuma y el caldo de verduras en polvo a la mezcla de leche vegetal. Una vez el líquido haya reducido, añadir la mezcla de leche y bajar el fuego a medio.

5. Batir entonces con brío durante 5-7 minutos, o hasta que la salsa espese, para eliminar grumos. Mezclar en los copos de levadura nutricional, jugo de limón y la sal. Una vez combinados, retirar del fuego y dejar enfriar unos 20 minutos. Es el momento de prepararos una buena hamburguesa vegetal y montar el plato...

SOPAS
Y CREMAS

SOPA VIETNAMITA PHO

**Para 2 personas
Tiempo de elaboración:
60 minutos**

INGREDIENTES:

• 1 cucharada sopera
de semillas de cilantro
• 2 clavos de olor
• 1 anís estrellado
• 1 litro de caldo de verduras
• 500 g de setas shiitake
y portobello
• un buen trozo de raíz
de jengibre, pelada y
machacada
• 1 cucharada sopera
de azúcar
• 1 cucharada sopera de
salsa de soja
• 250 g de fideos de arroz
• 1/2 cebolla
• 1/2 brócoli
• 3 zanahorias, 1/2 calabacín
y 1 calabaza potimarrón
• 1/2 cebolla, cortada en
juliana, y pochada en la
misma sartén en la que se
tuestan las especias
• cilantro fresco
y menta fresca
• 1/2 lima

1. Para tostar las especias, poner una sartén a fuego medio, y echar las semillas de cilantro, los clavos, el anís estrellado y el jengibre, y durante un par de minutos no dejar de darles vueltas para que no se quemen. Cuando empiecen a soltar su aroma, retirar del fuego.
2. A continuación en una olla poner todos los ingredientes excepto las setas. A fuego fuerte hasta que empieza a hervir. Reducir a fuego medio y dejar durante 30 minutos.
3. En la sartén donde tostamos las especias pochar la cebolla con un poco de aceite y reservar.
4. Cortar las setas shiitake y portobello en láminas y dorarlos en la misma sartén, con un chorrito de limón, y reservar.
5. Cuando esté el caldo, colarlo para retirar las especias, volver a poner en la olla, añadir las setas, y dejar que vuelva a hervir unos 10-15 minutos para que el caldo coja el sabor de las setas. Mientras, preparar los fideos siguiendo las indicaciones del paquete.
6. Servir la sopa con las setas en cuencos, añadiendo los fideos y la cebolla pochada, la lima y el cilantro y menta para al gusto.

SOPA DE MISO

Para 2 personas
Tiempo de elaboración:
15 minutos

INGREDIENTES:
• 2 cucharadas de miso
• 200 gr de tofu
• 1 cucharada de caldo
vegetal en polvo
(para sustituir el dashi
de pescado)
• 1 cucharada de wakame
seca (alga marina)
• 800 ml de agua

1. En una cacerola verter agua y calentar, poco antes de que rompa hervor añadir el caldo vegetal y remover.

2. Cuando el agua empiece a hervir, añadir el wakame y el tofu.

3. Apagar el fuego y añadir el miso, remover bien y servir.

CREMA DE BRÓCOLI Y ALMENDRAS

Para 6 personas
Tiempo de elaboración:
20 minutos

INGREDIENTES:

• 2 brócolis
• 100 g de almendras
tostadas
• 2 dientes de ajo
• 1 cebolla
• 2 cucharadas de aceite de
oliva virgen extra
• 50 ml de vino blanco
• 1 rebanada de pan de payés
• una pizca de sal
• una pizca de pimienta

1. Pelamos y cortamos los dientes de ajo y la cebolla en trozos muy pequeños.

2. Calentamos el aceite en una cacerola y sofreímos los ajos y la cebolla durante 3 minutos a fuego medio.

3. Añadimos el vino blanco y dejamos que hierva durante 1 minuto.

4. Retirar los tallos de los brócolis e incorporarlos a la cacerola. Añadimos agua hasta cubrir la verdura unos 3 dedos, dejando que hierva durante 5 minutos.

5. Incorporamos 90 g de almendras, el pan de payés, sal y pimienta. Con la ayuda de la batidora, trituramos bien hasta obtener una crema fina y homogénea.

6. Servimos la crema con el resto de las almendras y un poco de aceite de oliva.

SOPA DE CEBOLLA CON PAN AL AJILLO

Para 6 personas
Tiempo de elaboración:
unos 35 minutos

INGREDIENTES:

• 2 cebollas rojas
• 2 cebollas tiernas
• 2 cebollas tipo Figueras
• 2 cebollas picantes
• 3 dientes de ajo
• 250 ml de cava
• 1 hoja de laurel
• 2 cucharadas de aceite de oliva virgen extra
• una pizca de sal
• una pizca de pimienta
• una pizca de cebollino

Para el pan:
• 6 trozos de pan de payés
• 125 ml de aceite de oliva virgen extra
• 2 dientes de ajo y sal

1. Pelamos y cortamos las cebollas y los ajos en rodajas.
2. Calentamos el aceite en una cacerola y doramos los ajos a fuego lento durante un par de minutos.
3. Incorporamos las cebollas y cocinamos a fuego lento durante unos 10 minutos, removiendo constantemente para evitar que se peguen en el fondo.
4. Añadimos el cava y el laurel. Mantenemos a fuego lento hasta que el alcohol se haya evaporado por completo.
5. Cubrimos la cacerola con agua hasta doblar la altura de las cebollas y salpimentamos. Tapamos y mantenemos a fuego lento hasta 5 minutos después de su ebullición.
6. Para preparar el pan, mezclamos en la batidora los 125 ml de aceite de oliva, los ajos pelados y una pizca de sal hasta obtener una salsa líquida.
7. Horneamos las rebanadas de pan previamente untadas con esta salsa durante 5 minutos a 180ºC.
8. Servimos la sopa con una rebanada de pan y cebollino cortado por encima.

CREMA DE ZANAHORIA, NARANJA Y PIÑONES

Para 6 personas
Tiempo de elaboración: unos 30 minutos

INGREDIENTES:

• 2 dientes de ajo
• 1 cucharadita de jengibre rallado
• 1 cebolla
• 9 zanahorias
• la ralladura de la piel de 1/2 naranja de cultivo ecológico
• 1 cucharada de aceite de oliva virgen extra
• 2 cucharaditas de sal
• 1 cucharadita de pimienta
• 1 bric de crema de avena
• 50 g de piñones

1. Pelamos y cortamos los dientes de ajo en láminas.

2. En una cacerola calentamos a fuego lento 1 cucharada de aceite de oliva. Incorporamos el ajo y el jengibre.

3. Pelamos y cortamos la cebolla en trozos pequeños e incorporamos al sofrito.

4. Pelamos y cortamos las zanahorias en rodajas y añadimos a la mezcla que tenemos en el fuego.

5. Seguimos cocinando durante 5 minutos más, hasta que las zanahorias adquieran un aspecto ligeramente tostado.

6. Incorporamos la ralladura de naranja.

7. Añadimos la sal, la pimienta y el agua hasta cubrir el guiso por completo. Cocinamos a fuego medio durante 10 minutos.

8. Trituramos la mezcla hasta obtener una fina crema.

9. Servimos acompañada de piñones, un chorrito de aceite de oliva y una cucharada de crema de avena.

CREMA DE CALABAZA

Para 2 personas
Tiempo de elaboración:
unos 30 minutos

INGREDIENTES:

- 250 g de calabaza
- 1 taza de leche de coco
- 1/2 cebolla morada
- 2 cucharadas de vegetales deshidratados para sopa
- 1 cucharadita de jengibre
- sal y cúrcuma o curry
- agua extra

1. Cocinar los vegetales deshidratados en la leche de coco durante unos 15 minutos.

2. Añadir la cebolla morada y el jengibre, picados o rallados y la calabaza cortada en cubos. Salpimentar. Cocinar hasta que esté tierna. Retirar del fuego.

3. Batir. Volver al fuego un par de minutos. Añadir cúrcuma y sal si es necesario.

SOPA DE AJO VEGGIE

Para 4 personas
Preparación:
unos 15 minutos

INGREDIENTES:

• 3-4 dientes de ajo pelados
y laminados
• 1 puñado de almendras
crudas laminadas o
troceadas
• 1 cucharada de pimentón
(dulce o picante)
• 1 cucharada sopera de
aceite de oliva
• sal al gusto
• 300 ml de caldo vegetal
con tomate
• 1 trozo de pan integral del
día anterior (o picatostes)
• perejil (opcional)

Notas del cocinero.
Es la clásica sopa
de ajo con jamón
y chorizo en una
versión sin carne, y
de la que tenemos
otras variantes
ovo-lacto-
vegetarianas:
con huevo, o con
queso rallado.

1. Freímos en una cazuela los ajos laminados con el aceite de oliva y el pan cortado en trocitos pequeños. Cuando empiecen a tomar color se añade el pimentón, mezclamos unos segundos y vertemos el caldo vegetal; sal al gusto.

2. Dejamos cocer hasta que dé un hervor, añadimos las almendras crudas laminadas y servimos caliente. Podemos añadirle un poco de perejil.

SOPA VERDE DE GUISANTES CON CROSTONES

Para 2 personas
Preparación:
unos 30 minutos

INGREDIENTES:

- 3 cebolletas
- 1 raíz de perejil
- 4 cucharaditas
de aceite vegetal
- 250 g de guisantes tiernos
(pueden ser congelados)
- 600 ml de caldo de verdura
- 4 cucharadas de vino blanco
(se pueden sustituir por 1
cucharada de zumo de limón)
- 50 g de crema de arroz
(o de soja; en dietéticas y
grandes superficies)
- sal y pimienta
- 1 rebanada de pan integral
- 6-8 hojas de melisa

1. Lavar las cebolletas y cortarlas en aros delgados. Pelar la raíz de perejil y hacerla pequeños dados. Calentar 2 cucharadas de aceite, a fuego medio, en una cacerola. Añadir la cebolleta y el perejil y rehogar durante 2 minutos.

2. Agregar los guisantes y volver a rehogar durante 1 minuto más. Incorporar el caldo y el vino, dejar hervir a fuego lento con la cacerola tapada durante unos 15 minutos.

3. Pasar la verdura por un pasapurés, mezclarla con la crema de arroz y salpimentar la sopa.

4. Cortar la rebanada de pan en dados pequeños. Calentar, a fuego medio, el resto del aceite en una sartén refractaria pequeña y freír el pan sin dejar de remover para conseguir unos picatostes crujientes. Lavar la melisa, secarla con papel de cocina y cortarla en trozos grandes. Servir la sopa en dos platos hondos precalentados, agregar por encima la melisa y los crostones.

Variante. Para conseguir un refrescante toque a hierbas frescas, se puede utilizar 1/2 ramillete de perejil liso o de menta fresca. Lavar las hierbas, sacudirlas y secarlas bien y retirar los tallos más duros.
Picar las hojas a un tamaño mediano e incorporarlas a la sopa antes de realizar el puré, luego batir todo bien para que resulte una crema uniforme. Dejar hervir 5 minutos a fuego lento.
Entremezclar la crema ácida y salpimentar la sopa, luego preparar el pan como se ha descrito, incorporar a las raciones de sopa y decorar con unas hojitas de melisa o de menta; servir.

Nuestro consejo. Podéis añadir unas semillas y brotes germinados antes de servir.

AJOBLANCO TRADICIONAL MALAGUEÑO

Para 4-5 personas
Tiempo de elaboración:
unos 10 minutos
más 2 horas de enfriado

INGREDIENTES:

• 1/4 kg de almendras peladas crudas
• 1 l de agua mineral
• 2 ajos
• 70 g de pan de molde (o de miga de pan) integral
• 4 cucharadas de vinagre de vino blanco
• 1,5 tazas de aceite de oliva virgen extra
• pasas de corinto o uvas

1. Pelar las almendras. Una vez eliminada la cáscara, escaldarlas en agua bien caliente durante 1 minuto, aproximadamente. Escurrirlas y envolverlas en un trapo. Frotar bien los frutos con el paño. Con la fricción, las pieles de las almendras se desprenderán fácilmente. Lavarlas bien antes de incorporarlas a la sopa para eliminar los posibles restos de piel.

2. Mezclar todos los ingredientes, excepto las pasas o la uva en un vaso de batidora y triturar bien. Dejar enfriar la mezcla en el frigorífico. Servir la sopa fría acompañada de unas pasas o granos de uva.

Consejos. Conviene elegir unas buenas almendras dulces tipo marcona. Se acompaña con frutas dulces (uvas o pasas).

CREMA DE PATATA Y AJO SILVESTRE

Para 4 personas
Tiempo de elaboración:
unos 30 minutos

INGREDIENTES:

• 600 g de patatas
• 100 g de ajo silvestre
fresco
• 1/2 naranja
• 140 de acelgas frescas
• 2 dientes de ajo
• 3 cucharaditas de aceite
de girasol
• 1,2 litros de caldo de
verduras caliente
• 200 ml de nata de soja
• sal y pimienta negra

1. Pelar las patatas, lávelas y cortarlas en dados pequeños. Lavar el ajo silvestre y píquelo grueso. Pelar la naranja, dividirla y triturar la pulpa con la batidora, junto con el ajo silvestre. Retiramos el puré y lo reservamos en un cuenco.

2 Lavar las acelgas y píquelas. Pele los dientes de ajo y lamínelos. Dore el ajo, las acelgas y 2/3 de los dados de patata en 2 cucharadas de aceite de girasol durante 5 minutos. Vierta el caldo y deje cocer todo 20 minutos. Después de 15 minutos, incorpore la nata de soja.

3 Mientras tanto, freímos el resto de los dados de patata en la sartén con el aceite de girasol restante hasta que queden crujientes. Poco antes de finalizar la cocción, condimentearcon mejorana, sal y pimienta.

4 Triturar bien con la batidora. Salpimentar bien. Repartimos la crema en cuencos y disponemos un poco de pasta de ajo silvestre. Por último, distribuir los dados de patata crujientes en los cuencos.

CREMA DE BONIATO
CON PICATOSTES
DE PAN INTEGRAL

Para 4 raciones
Preparación: 15 minutos,
más 40 minutos de cocción

INGREDIENTES:

• 4 cucharadas de aceite de oliva virgen extra
• 1 cebolla picada
• 2 dientes de ajo, finamente picados
• 1 cucharadita (o menos) de curry en polvo suave
• 750 g de boniatos, pelados y cortados en trocitos
• 1 manzana, pelada, sin el corazón y cortada en trocitos
• 1,25 litros de caldo de verduras
• 60 ml de leche de coco
• el zumo de Ð lima
• sal marina en escamas
• pimienta negra recién molida
• 2 rebanadas de pan integral (preferiblemente de centeno, cortadas en bastoncitos o a cuadraditos)

1. Calienta 2 cucharadas del aceite de oliva en una cacerola de fondo reforzado. Añade la cebolla y rehógala a fuego medio 5 minutos, removiéndola, hasta que esté blandita. Añade el ajo y el curry en polvo y prosigue la cocción, sin dejar de remover, durante unos minutos.

2. Incorpora los boniatos y la manzana, y revuélvelos bien para que se mezclen con el resto de los ingredientes.

3. Sigue cociendo la mezcla por espacio de unos 15 minutos, removiéndola con frecuencia, hasta que los trocitos de boniato empiecen a dorarse por los bordes. Ve ajustando la intensidad del fuego para evitar que la cebolla se queme.

4. Incorpora 1 litro del caldo de verduras y remueve bien el contenido, raspando el fondo de la cacerola con una cuchara para despegar los trocitos caramelizados que se hayan quedado adheridos. Déjalo cocer todo a fuego lento, sin tapar, durante 20 minutos, o hasta que el boniato esté tierno.

5. Pon con cuidado el contenido de la cacerola en una batidora y tritúralo hasta obtener una mezcla suave y homogénea. Vierte la crema resultante en una cacerola limpia. Si ha quedado demasiado espesa para tu gusto, añádele parte del resto del caldo de verduras. Agrega la leche de coco y el zumo de lima, y salpimienta.

Según sea de intenso el sabor del caldo de verduras, es posible que la sopa necesite más sal. Mantenla caliente mientras preparas los picatostes.

6. Calienta en una sartén el resto del aceite de oliva y añade los bastoncitos de pan integral de centeno. Fríelos, tapados, a fuego medio-alto, agitando la sartén a menudo, hasta que el pan empiece a estar crujiente. Retira los picatostes del fuego y déjalos escurrir sobre papel de cocina absorbente. Sirve la sopa enseguida, con los picatostes repartidos por encima.

SOPA DE ARROZ INTEGRAL

Para 6 personas
Tiempo de preparación y
cocción: unos 10 minutos,
más el tiempo de cocción

INGREDIENTES:

• 3/4 de taza de arroz
integral
• rocío vegetal (aceite de
oliva virgen extra diluido en
botellita de spray)
• 1 zanahoria grande rallada
• unos champiñones,
cortados a láminas
• 4 tallos de apio, en cubitos
• 1 hoja de espinaca, picada
• 1 cucharada de perejil
picado
• 2 litros de caldo ligero de
verduras

1. Mezclar 4 cucharadas de agua con apenas un poquito de rocío vegetal y cocinar el arroz unos minutos hasta que se ponga transparente.

2. Agregar el resto de los ingredientes, mezclar y llevar a hervor. Bajar el fuego y cocinar tapado entre 35 y 45 minutos o hasta que el arroz esté cocido.

SOPA DE CEBADA

Raciones: 4-5

Tiempo de elaboración: unos 60 minutos más tiempo de remojo

INGREDIENTES:

- 120 g de cebada perlada
- 1 cebolla
- 1 zanahoria
- 50 g de puerro
- entre 1 y 1,5 litros de caldo vegetal
- 20 g de setas secas (o 200 g de setas frescas)
- 20 g de margarina bio no hidrogenada
- sal y pimienta recién molida
- 1 cucharada de perejil picado
- un poco de leche de avena (en dietéticas y grandes superficies)

Notas del chef.
La cebada se pone a remojo la noche anterior. Es una sopa muy nutritiva; y acompañada de pan integral queda muy gustosa.

1. La noche anterior se pone la cebada en agua para que se ablande. Se escurre el agua y se pone a cocer en agua nueva con sal unos 15 minutos. Después se reserva.

2. Las setas secas se ponen a remojo en agua fría unos 20 minutos. Escurrirlas bien y cortarlas finamente. En el caso de utilizar setas frescas, limpiarlas bien y cortarlas.

3. Pelar la cebolla y la zanahoria y picarlas finamente. Limpiar el puerro y cortarlo en aros finos.

4. Calentar la margarina en una olla y rehogar en ella la cebolla, la zanahoria y el puerro juntos. Añadir las setas y dejar cocer 5 minutos más.

5. La cebada ya cocida se añade también a la olla y se deja que se fría un poco.

6. Añadir el caldo de verdura y cocerlo todo unos 30 minutos, hasta que la cebada esté blandita. Sazonar con sal y pimienta y decorar el plato con perejil picado. Según el gusto, se le puede añadir leche de avena.

LOS REFRESCANTES GAZPACHOS

Cuando el calor activa intensamente los mecanismos de eliminación de nuestra piel, se produce una baja de minerales y líquidos el cuerpo que de alguna forma deberemos compensar con lo que comemos. La propia naturaleza de la tierra y sus ritmos solares nos ofrece en esta época las frutas y verduras más adecuadas para equilibrar esta nueva situación corporal.

Las culturas tradicionales se fijaron en estos movimientos, respetándolos y armonizándolos imaginativamente con su arte culinario. Y dieron con los platos más sanos y equilibrados para cada situación. En este caso, el gazpacho es el plato de verano más tradicional de Andalucía, pero su éxito se ha extendido sobradamente y es fácil encontrar a menudo platos del mismo estilo en todas partes.

Los ingredientes

Como la sopa fría que es, el gazpacho se elabora tradicionalmente a base de ajo, cebolla, pimiento, tomate, pan seco, agua, vinagre, aceite y sal... aunque «cada maestrillo tiene su librillo», y en cada lugar suelen quitar o añadir algunos ingredientes.

Al ser un plato a base de hortalizas crudas y líquidos, resulta ideal para compensar las pérdidas de líquidos y minerales, a la vez que las hortalizas crudas nos aportan un tipo de energía muy viva: más radiaciones vitales. Y los sentidos nos dicen que cumple bien su función de refresco tan necesaria. Basta con ver los ingredientes:

Los utensilios

Mortero y mazo, cuchillo (los más adecuados para cortar verduras son los de hoja rectangular, de tipo «japonés»), tabla de madera, colador «chino» (de forma cónica con agujeritos, muy adecuado para salsas, para deshebrar sopas, etc.) acompañado de su soporte triangular, batidora y licuadora. Si no disponéis de colador chino, puede servir uno de convencional, de malla no muy fina.

Combinando adecuadamente los ingredientes podremos lograr gazpachos siempre diferentes

**Líquidos básicos
y condimentos líquidos**
• zumos de hortalizas y verduras
• crema (nata) de soja o de arroz
• aceite de oliva virgen extra
• tamari
• vinagre de vino o, de manzana
• limón
• rejuvelac

**Hierbas, especias
y condimentos sólidos**
• Dulces: anís verde, canela, coco
rallado, miel
• Mixtos: hinojo, jengibre, almendras,
avellanas, nueces, piñones y sésamo
• tahini (pasta de sésamo), germen
de trigo, levadura de cerveza

De sazón:
• sal marina
• sales a base de hortalizas. ajo,
apio, etc.
• hierbas aromáticas: tomillo,
romero, ajedrea, orégano,
mejorana, salvia, albahaca, etc.
• Comino, pimienta blanca y negra
• mostaza, pimentón
• cúrcuma o curry
• miso
• ajo y cebolla

• Pan «migao» (en remojo)

**Hortalizas, frutas
y verduras**
• apio
• espinaca
• col
• pepino
• pimiento
• tomate
• zanahoria
• remolacha
• aguacate
• manzana

**Cubos de verduras
y otros «barcos»**
• hierbabuena
• finas hierbas: estragón,
perifollo, albahaca fresca,
cebollino y perejil
• berros
• germinados: alfalfa, trigo, etc.
• pepino
• pimiento
• tomate
• chayote
• rodajas de limón
• manzana
• uvas
• olivas
• col fermentada
• arroz integral hervido
• granos de maíz tierno
• pan tostado (picatostes).

Dos formas de prepararlo De entre las diversas formas de elaborar gazpachos os proponemos dos de básicas, una moderna y otra tradicional. Con las dos, introduciendo pequeñas modificaciones, podremos preparar la mayoría de gazpachos.

Método tradicional

1. Majar en el almirez los ajos con la sal, hierbas o especias.

2. Cuando hayamos formado una pasta homogénea vamos añadiendo cebolla y pimiento a pequeños trocitos, machacando bien hasta que casi no se distingan los componentes.

Entre los dos procesos anteriores incorporamos el aceite en pequeños chorros, cuidando de no pasarnos, ya que de lo contrario salpicaría y nos dificultaría la trituración.

3. Media hora antes de comenzar la elaboración del gazpacho debemos acordarnos de poner el pan en remojo. Lo incorporaremos bien escurrido, formando con el mazo una fina pasta y añadiendo de vez en cuando un chorrito de agua si es necesario.

4. Agregamos los tomates bien pelados y sin semillas, mojamos bien e incorporamos poco a poco el agua (se hace en un recipiente mayor que el mortero.

5. Podemos servirnos de alguna fuente honda, un lebrillo o un jarro), y en el momento de servir, removiendo bien, echamos un chorrito de vinagre, limón, rejuvelac u otros.

6. Por último añadiremos pequeños cubos de pepino, pimiento, cebolla o pan tostado.

Sistema moderno:

1. Pelar ajos y cebollas, cortándolos en trozos más o menos grandes junto con pimientos y tomates.

2. Ponerlo todo en el recipiente del batidor junto con el pan remojado, las especias, el aceite, la sal, el vinagre y el agua. Triturar bien con el batidor.

3. Pasar la mezcla resultante por el colador chino a fin de retener las semillas y la piel del tomate, algún trozo de pan demasiado grande u otras partículas.

4. Servir agregándole los «barquitos» correspondientes.

Las recetas

Junto a las recetas clásicas con los ingredientes comentados, en los últimos años estamos asistiendo a un auténtico festival de nuevos gazpachos (de fresa, de sandía, etc., «sopas frías», en realidad), a cual más sabrosa y apetitosa. Además, es en la combinación de ingredientes y la pericia personal en la cocina lo que, con amor e imaginación, nos dará un gazpacho excelente.

GAZPACHO ANDALUZ

1. Se majan 2 o 3 ajos, medio pimiento rojo con la sal (una pizca) y media cucharadita bien rasa de cominos. Agregamos el aceite, 2 o 3 tomates gordos bien maduros y 150 g. de pan mojado previamente. Desleir la pasta con el agua y finalmente añadimos un chorrito de vinagre. Servir con trocitos de cebolla y pepino.

GAZPACHO CON NUECES A LAS HIERBAS AROMÁTICAS

INGREDIENTES:
• 5 tomates maduros pelados y troceados
• 1 pepino pelado, sin semillas y troceado
• 1 pimiento rojo o verde, troceado
• 1 diente de ajo picado
• 1 cebolla roja, cortada finamente
• 1/4 de taza de vinagre
• 1 taza de zumo de tomate

Para preparar las nueces a las hierbas:
• 1 cucharita de aceite de oliva virgen extra
• 2 cucharitas de romero fresco picado
• una pizca de pimienta de cayena
• sal
• 2/3 de taza de nueces de California picadas.

1. En una ensaladera grande echar los tomates, el pepino, el pimiento, el ajo, la cebolla, el vinagre y el zumo de tomate.

2. Pasar esta sopa por la licuadora hasta conseguir un puré espeso, no muy líquido.

3. Vertir el puré en la ensaladera, cubrirlo y meterlo en la nevera. Si antes de servir la sopa ha tomado una consistencia demasiado espesa, echar un poco de zumo de tomate y revolverlo bien. Condimentar con sal y pimienta.

4. Aparte, en un recipiente pequeño mezclar el romero, la cayena, las nueces, añadir una pizca de sal y reservar la mezcla.

5. Después echar la sopa en un tazón y cubrir con las nueces a las hierbas.

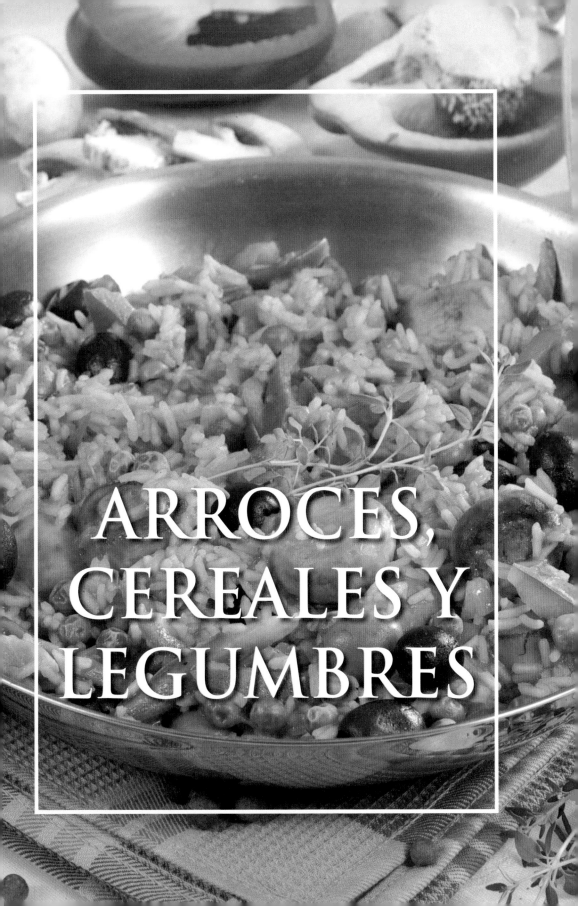

ARROCES, CEREALES Y LEGUMBRES

RISSOTO CON SETAS

Raciones: 4
Preparación y cocción:
unos 40 minutos

INGREDIENTES:

• 25 g de hongos o setas secas
• 180 g de setas frescas shiitake o vuestras setas preferidas
• 300 g de arroz redondo
• 1 cebolla
• 1/8 de litro de vino blanco (o mosto de uva; opcional)
• 1 litro de caldo vegetal
• 350 ml de agua
• 75 g de margarina
• aceite de oliva virgen extra
• sal y pimienta recién molida
• 2 cucharadas de perejil picado

1. Poner las setas secas a remojo durante 40 minutos. Después escurrirlas y guardar el agua de remojo.

2. En una olla calentamos la margarina y freímos a fuego lento las cebollas picadas finamente. Añadir todas las setas cortadas y dejarlo estofar.

3. Añadir el arroz, removiéndolo hasta que se vuelva brillante. Rociar con vino. Mezclar el agua del remojo de las setas con el caldo vegetal y echar una parte al arroz. Cocer el arroz a fuego lento removiendo a menudo.

4. Añadir una y otra vez parte del caldo cada vez que el arroz haya absorbido todo el líquido, hasta que el arroz esté en su punto: cremoso, pero aún al dente. Sazonamos con pimienta y sal y decoramos con perejil.

PAELLA VEGGIE

Raciones: 4-5
Preparación y cocción:
unos 45 minutos

INGREDIENTES:
• 1 cebolla grande
• 1 diente de ajo
• 2 zanahorias
• 1 pimiento rojo
• 1 pimiento verde
• 1 puerro
• 100 g de setas shiitake u
otra variedad
• 4 cucharadas de aceite de
oliva virgen extra
• 120 g de arroz
• 1/8 de litro de vino o sidra
• 1/8 de litro de agua
• sal y pimienta recién
molida
• un poco de azafrán,
al gusto

Para decorar:
• 1 berenjena
• pimiento rojo
• corazones de alcachofas

1. Pelar las cebollas y cortarlas en tiras. Pelar las zanahorias y cortarlas en rodajas. Limpiar el pimiento y cortarlo también en tiras. Picar el ajo pelado. Lavar el puerro y cortarlo en pequeñas rodajas.

2. Calentar el aceite en la paellera (o sartén en su defecto) y rehogar las cebollas con el ajo.

3. Después se añade la verdura restante.

4. Echar el arroz y algo de azafrán y continuar rehogando. Remover todo bien hasta que el arroz se vuelva transparente.

5. Echar el vino y el agua y sazonar todo muy bien. Se sigue cociendo durante 15 minutos a fuego lento hasta que el arroz haya absorbido el líquido.

6. Mientras tanto limpiar, cortar y freír en aceite la verdura para la decoración. Al final se coloca sobre la paella.

ARROZ HINDÚ AL CURRY

Raciones: 4-5
Preparación y cocción:
unos 35 minutos

INGREDIENTES:

• 300 g de arroz de grano
largo
• 600 ml de agua
• 4 cebollas grandes
• 1/4 de pimiento, a tiras
pequeñas
• 2 manzanas
(o bien 2 zanahorias)
• 1 plátano (opcional)
• 2 cucharadas de pasas
de corinto
• 2 cucharadas colmadas
de harina
• 400 ml de leche de arroz
o de avena
• 4 cucharadas de aceite
de girasol
• 2-3 cucharadas de curry
en polvo
• pimentón picante
• sal y pimienta recién
molida
• 3 cucharadas de almendra
fileteada (o un puñadito de
frutos secos)

Variante:
con trocitos de piña y leche
de coco, acompañado de un
aromático té negro.

1. Echar el arroz al agua hirviendo y cuando vuelva a hervir, removerlo. Apagar el fuego y dejar la olla tapada sobre la placa caliente unos 25 minutos hasta que el arroz esté cocido.

2. Se pica bien la cebolla, se cortan a tiras las zanahorias (o bien si prefieren, las manzanas, que podemos vaciar y trocear a daditos). Pelar el plátano y cortarlo en rodajitas. Lavar las pasas.

3. Dorar la almendra fileteada (o el puñadito de frutos secos) en una sartén, sin aceite. Después se deja enfriar en un plato.

4. Calentar el aceite de girasol y freír en él la cebolla a fuego vivo hasta dorarla. Añadir el curry en polvo y dejar que se siga friendo unos 5 minutos.

5. Sin dejar de remover, se echan dos cucharadas colmadas de harina. Añadir 400 ml de leche de arroz o de avena y dejar que se cueza. Añadir, entremezclándolas bien, las zanahorias (o manzanas), el pimiento, el plátano y pasas. Dejar que termine de hacerse a fuego lento. Si es necesario se añade un poco de agua.

6. Sazonar con sal, pimienta y pimentón picante, según cuán picante sea el curry utilizado. Se decora con la almendra fileteada y se sirve con el arroz en una fuente precalentada.

MIJO CON TAJINE VEGETAL

Raciones: 4-5
Tiempo de elaboración:
unos 60 minutos

INGREDIENTES:

• 200 g de mijo
• 2 cebollas
• 500 g de zanahorias
• 30 g de bulbo de perejil
• 600 ml de caldo vegetal
• 450 g de calabacín
• 450 g de apio
• 700 g de tomate
• 1 diente de ajo, un poco de
tomillo
• sal y pimienta recién
molida
• aceite de oliva virgen extra
• un puñadito de garbanzos
cocidos

1. Cortar en dados 1 cebolla, 1 zanahoria y el bulbo de perejil, y freírlos en una olla con dos cucharadas de aceite de oliva ya calentado.

2. Se añade el mijo y se rehoga un poco todo junto.

3. Verter en la olla el caldo vegetal, lo dejamos hervir un poco y lo sazonamos con sal y pimienta. Tapar la olla y dejar que cueza todo 25 min. a fuego lento.

4. Lavar los tomates y cortarlos en dados. La cebolla restante y el ajo picaditos se fríen en una sartén con dos cucharadas de aceite. Se añade el tomate y se rehoga todo junto unos 5 minutos. Se condimenta con el tomillo.

5. Pelar el resto de las zanahorias y limpiar el calabacín y el apio (o, en su defecto, otra verdura de la temporada que permita ser cortada en tiras). Se corta la verdura en tiras de 1 mm de grosor y éstas por la mitad.

6. Freír las tiras de zanahoria en 2 cucharadas de aceite caliente durante 1 minuto, añadir el calabacín y el apio y freírlo unos 5 minutos. El plato se sirve poniendo la salsa de tomate junto a la verdura, los garbanzos y el mijo como guarnición separado.

ARROZ AL HORNO CON VERDURAS

Para 4 raciones
Tiempo de preparación y cocción: unos 40 minutos, más el tiempo de cocción

INGREDIENTES:
• 200 g de arroz basmati
• 500 ml de caldo de verduras
• 1 cucharada de sal
• 1 cucharada de cúrcuma
• 300 g de cada de rábanos blancos, zanahorias y nabos
• 1 patata mediana
• 300 g de tomates
• 4 chalotes
• 4 dientes de ajo
• 3 cucharadas de aceite de oliva virgen extra
• 2 cucharadas de jengibre recién rallado
• 1 cucharada de guindilla molida
• 1/2 cucharada de comino molido
• 1/2 cucharada de cilantro molido
• menta picada, para adornar

1. Ponga el arroz en un colador y enjuáguelo bajo el grifo hasta que el agua salga clara. Caliente el caldo y añada la sal, la cúrcuma y el arroz. Deje cocer el arroz a fuego lento unos 6 minutos y, después, escúrralo.

2. Lave los rábanos, las zanahorias y los nabos. Pélelos y córtelos en rodajas. Lave los tomates, retíreles los rabillos, hágales un corte en forma de cruz en la piel, escáldelos en agua hirviendo, pélelos y córtelos en dados. Pele los chalotes y córtelos en dados. Pele los dientes de ajo y páselos por la prensa de ajos.

3. Unte una fuente refractaria con un poco del aceite de oliva, caliente el resto en una sartén y sofría el nabo, la zanahoria, el rábano, el tomate, el chalote y el ajo. Condimente la verdura con el jengibre, la guindilla, el comino y el cilantro.

4. Precaliente el horno a 170 °C. Extienda la mitad de la verdura en la fuente preparada, recúbrala con el arroz y esparza el resto de la verdura por encima.

5. Cubra la fuente con papel de aluminio y cueza el arroz en el nivel medio del horno unos 20 minutos. Sírvalo espolvoreado con menta.

«CON QUINOA»: COCCIÓN BÁSICA DE LA QUINOA

Ponerla en un bol con agua, remover y colar para eliminar posibles impurezas. Luego ponerlas en una cacerola con el doble de su volumen de agua, dejar que llegue al punto de ebullición, bajar el fuego y seguir la cocción a fuego bajo con la olla tapada durante unos 15 minutos aproximadamente. Retirar.

Tened en cuenta que, al cocerse, el grano dobla su volumen original, de modo que si la receta pone por ejemplo 100 g de quinoa cocida, hemos de partir de unos 40-50 g de quinoa cruda.

Además, al absorber el agua aparece el germen de la semilla en forma de espiral.

En los países de origen se comen también las hojas y los brotes, pero en el resto del mundo solo tomamos las semillas, comercializadas en grano y ya sin cáscara.

Nuestro consejo: aromatizar el agua de la cocción con laurel, hierbas aromáticas, ajo o incluso sustituirla por caldo.

QUINOA DETOX

Para 4 personas
Tiempo de preparación:
unos 50 minutos

INGREDIENTES:

• 1 taza de quinoa real de
cultivo ecológico
• 1 cucharada sopera de
supralimento detox bio
• un puñadito de piñones
• 2 cebollas cortadas finas
• 1 taza y media de agua
• sal marina
• aceite de oliva virgen extra
• verduras cortadas finas,
cocinadas al vapor o en wok
(judías verdes, brócoli,
zanahoria, etc.)

1. Elaborar el sofrito de cebolla, con aceite de oliva y un poco de sal marina.

2. Hervir la quinoa previamente limpia con la cantidad de agua correspondiente (2 medidas de agua por 1 de quinoa). Es importante mezclar la quinoa con la cantidad de agua correspondiente en frío, al empezar el hervor, tapar y cocinar a fuego muy lento unos 15 minutos.

3. Sin destapar, dejar reposar unos 5 minutos para que los vapores terminen de cocinar la quinoa. Justo terminar la cocción, mezclar el supralimento y mezclar con la cebolla, las verduras y las semillas de calabaza.

LASAÑA DE QUINOA CON CALABACÍN Y ALGA NORI

Para 4 personas
Preparación:
unos 40 minutos

INGREDIENTES:
• 6 calabacines
• 500 g de champiñones
• 30 g de alga nori
• 500 g de quinoa cocida
• 250 g de tomates cherry
• almendra molida para la bechamel (en sustitución del parmesano rallado que utilizan los vegetarianos)
• 1 nuez de margarina de soja bio
• 75 g de harina integral
• 1 litro de bebida de soja pimienta y nuez moscada a gusto

1. Lavar los calabacines, despuntarlos y cortarlos en daditos muy pequeños.

2. Recortar las bases de los champiñones, cepillarlos y cortarlos a trocitos.

3. Poner a hidratar el alga nori en un poco de agua.

4. Calentar un chorrito de aceite en una sartén y rehogar los champiñones, los calabacines y los tomates cherry abiertos al medio. Dejar cocer todo removiendo cada tanto hasta que esté bien blandito.

5. Mientras tanto preparar la bechamel. Calentar la nuez de mantequilla y añadir la harina, remover y cuando se hagan grumos ir añadiendo la bebida de soja previamente calentada. Remover hasta que espese.

6. Condimentar con sal marina, pimienta negra y nuez moscada.

7. Calentar el horno a 180ºC. En una fuente con profundidad colocar una capa de quinoa y seguidamente un poco de las verduras rehogadas. Seguir con las capas hasta acabar los ingredientes.

8. Verter por encima la bechamel, esparcir por encima la almendra molida y llevar al horno a gratinar. Servir de inmediato.

> **Nuestro consejo.** Para que no suelte agua la quinoa en el montaje, ha de estar muy bien escurrida. Si quedan grumos en la bechamel, pásalo todo por un minipimer.

ARROZ CON VERDURITAS

Raciones: 4
Preparación: 15 min.
Cocción: 40 min.

INGREDIENTES:

• 300 g de arroz
• 1 l de caldo de verduras
• 1 cebolla, Ð berenjena
• 1 pimiento verde y 1 pimiento rojo
• 1 zanahoria, 1 calabacín pequeño
• 100 g de brócoli
• 1 diente de ajo
• 150 ml de salsa de tomate
• aceite de oliva virgen extra
• sal y pimienta

1. Pelar y picar la cebolla y el diente de ajo. Reservar. Limpiar el resto de las verduras y cortarlas en daditos sin mezclarlas.

2. Colocar una cazuela al fuego con aceite de oliva. Cuando esté caliente añadir la cebolla y rehogarla sin que llegue a dorarse. Añadir el pimiento rojo, el verde, la zanahoria y el brócoli.

3. Cocerlo todo junto unos minutos y cuando el sofrito esté casi listo, añadir la berenjena, el calabacín y el diente de ajo. Rehogarlo todo junto, mezclando suavemente con una cuchara de madera. A continuación, verter la salsa de tomate.

4. Mientras se termina de hacer el sofrito, cocer el arroz durante 15-18 minutos en el caldo de verduras. Escurrirlo y añadirlo a la sartén de las verduras. Saltearlo unos segundos y servir caliente.

ENSALADA DE FUSILLI CON MAYONESA VEGANA

Para 2 personas
Tiempo de preparación:
unos 25 minutos

INGREDIENTES:
• 200 g de fusilli
• 1 pepino
• 80 g de maíz dulce
• 10 tomates cherry

para la mayonesa vegana:
• 1 vaso de aceite de girasol
• 1/3 de vaso de leche de soja
• 1/2 diente de ajo
• sal y el zumo de medio limón

1. En un vaso estrecho y alto, un poco más ancho que la batidora, poner la leche de soja, el aceite, la sal y el ajo. Poniendo la batidora en el fondo del vaso y sin moverla, batir a velocidad baja. Una vez se ha ligado la mezcla en el fondo, mover la batidora poco a poco, para que ligue el aceite que hay en la superficie del vaso. Cuando ya está todo ligado añadir el zumo de limón y batir para que la mezcla espese más. Reservar.
2. Poner a cocer los fusilli en una olla con abundante agua salada el tiempo indicado por el fabricante. Escurrir y reservar.
3. Lavar y picar el pepino y los tomates cherry.
4. Poner en una fuente los fusilli y agregar el maíz, el pepino y los tomates. Mezclar.
5. Aliñar la ensalada de fusilli con la mayonesa vegana.

ENSALADA VARIADA DE TRIGO SARRACENO A LA ALBAHACA

Para 4 personas
Tiempo de preparación:
unos 55 minutos

INGREDIENTES:
• 125 g de judías verdes frescas
• 200 g de trigo sarraceno en grano
• 150 g de coles de Bruselas, pre cocidas
• 2 hojas de laurel 2 tomates maduros medianos
• albahaca fresca
• 10 g de alcaparras
• 40 g de aceitunas verdes deshuesadas
• 1 diente de ajo pequeño
• 100 g de maíz ya hervido
• sal y aceite de oliva virgen extra

1. Mondar las judías de las puntas y de los hilos, hervidas durante 10-12 minutos en medio litro de agua hirviendo salada; escurrirlas y guardar caliente el agua de cocción.

2. En otra cazuela tostar 3-4 minutos el trigo sarraceno a fuego medio bajo, remojado con el agua de las judías y llevar el líquido a ebullición.

3. Salar un poco, incorporar las hojas de laurel y cocer, tapado, durante un cuarto de hora a fuego lento.

4 Apagar el fuego, dejar reposar sin tapa durante 10 minutos, extender en una fuente y dejar enfriar.

5. Entretanto, pelar y picar el ajo, lavar los tomates, dividirlos por la mitad para sacarles las pepitas y luego cortarlos a dados; trocear también las judías.

6. Deshojar la albahaca, lavarla, secarla, desmenuzarla y ponerla en una batidora con las alcaparras, las aceitunas verdes y el ajo pelado y picado.

7. Batir bien fino con tres cucharadas de aceite hasta conseguir una crema.

8. Mezclar el trigo sarraceno, el maíz, las judías y los tomates, condimentar con la crema de albahaca, mezclar, ajustar de sal y servir.

HAMBURGUESAS DE MIJO

Para 2-3 personas
Tiempo de elaboración:
unos 50 minutos, más 20
minutos de cocción

INGREDIENTES:

• 1 cebolla picada
• 1/2 diente de ajo picado
• 1/2 taza de zanahoria
(rallada)
• 1/2 taza de mijo
• 1/2 pimiento rojo
(escalibado, lavado y
cortado en cuadritos)
• aceite de oliva, sal marina
cilantro fresco picado.

1. Saltear la cebolla y el ajo con aceite y sal durante 10 minutos.

2. Añadir las zanahorias, el pimiento rojo y una pizca de sal. Saltear 2 minutos más. Con perejil queda excelente.

3. Añadir 2 y ½ partes de agua por 1 parte de mijo (lavado y escurrido) y una pizca de sal. Cuando hierva, poner el fuego medio-bajo. Cocer con tapa 20 minutos.

4. Añadir el cilantro fresco, mezclar bien y formar «hamburguesas» con las manos húmedas. Dejar que se enfríen un poco, para que el mijo quede más compacto.

5. Calentar una sartén con un poco de aceite y hacer las hamburguesas a la plancha, por los dos lados, hasta que queden de color dorado.

RISOTTO CON CALABACÍN Y TOMATE

Para 4 raciones

Tiempo de preparación y cocción: unos 40 minutos

INGREDIENTES:

• 320 g de arroz para risotto
• 2 calabacines
• 2 tomates
• 1 zanahoria
• 1 cebolla
• 1 limón
• 2 patatas
• 1 cucharadita de curry
• 1 cucharadita de azafrán
• 1 ramita de eneldo
• 2 cucharadas de aceite de oliva
• 500 ml caldo de verduras
• salsa de soja

1. Pelar y triturar la cebolla muy fina. Pelar la zanahoria, cortar los extremos de los calabacines, enjuagar ambas verduras y cortarlas a trocitos.

2. Lavar y cortar los tomates a rodajas. Pelar y cortar las patatas en cubitos.

3. Sofreír la cebolla durante 5 minutos en el aceite con un cucharón de caldo. Añadir los trocitos de zanahoria y calabacín y dorarlos y a continuación añadir el arroz y cocer todo regándolo despacio con el caldo caliente. Al cabo de unos 10 minutos completar con y las patatas y acabar de cocer.

4. Para finalizar, añadir una cucharada de salsa de soja, el curry, el eneldo picado y el azafrán previamente diluido en un poco de caldo; sazonar con sal , remover delicadamente, dejarlo reposar un minuto y servir.

Notas del chef. El curry es una mezcla de especias que incluye, entre otras especias, cúrcuma, coriandro, pimienta, comino, jengibre, cardamomo, azafrán. En las tiendas se encuentran tres tipos de curry dependiendo de la cantidad de picante: suave, picante y muy picante.

QUINOA CON CREMA DE COCO Y QUESO VEGANO ESPECIADO

Para obtener la ración de la imagen
Tiempo de elaboración: unos 60 minutos, más tiempo de remojo y cuajado

INGREDIENTES:

Para el queso vegano:
- 50 g de anacardos crudos
- 50 g de nueces de macadamia crudas
- 1/2 cucharadita de ajo en polvo
- 1/2 cucharadita de cebolla en polvo
- 3 cucharaditas de sal de hierbas
- 1/2 limón (en zumo)
- 1 cucharada de aceite de oliva
- 250 ml de nata de soja (marca Condí)
- 6 g de agar agar en polvo (Portomuíños)
- 6 cucharadas de levadura de cerveza en copos
- 125 ml agua

1. Preparamos el queso vegano. Mezclar todos los ingredientes menos el agar agar y el agua. Se bate y se reserva la mezcla.

2. Calentar el agua con el agar y hervir durante 15 ó 20 segundos. Verter el agar sobre la mezcla reservada y batir de nuevo. Se vierte en un molde y se deja cuajar unas horas.

3. Para hacer la salsa romesco, se dejan las ñoras en remojo la noche anterior. Se sacan las pepitas y se reservan.

4. Precalentar el horno y asar los tomates, la cebolla y los dientes de ajo durante unos 15 minutos. Quitar la piel y las pepitas de los tomates después de asados.

5. Se mete todo en la batidora junto con los demás ingredientes excepto el pimentón y la guindilla que se añaden al final.

6. Una vez cuajado el queso, cortar en tacos y dejar macerando con esta salsa durante toda una noche en un recipiente de cristal para que se empape de su sabor.

7. Hacemos la quinoa. Lavamos muy bien los granos y los tostamos ligeramente en una sartén con el aceite de coco. Se reserva en un cuenco.

8. Se corta finita la cebolla y se dora en la sartén con aceite de oliva. Se añaden las espinacas cortadas también muy finas, y se rehogan. Reservar.

9. En una olla hervimos el agua y la leche de coco. Cuando rompa a hervir se añade la quinoa tostada y

Salsa romesco para "especiar" el queso:
- 1 cebolleta o cebolla dulce
- 2 ó 3 tomates maduros
- 40 g de almendra tostada y pelada
- 40 g de avellana tostada y pelada
- 1 cabeza de ajo
- 2 ñoras
- 1 rebanada de pan tostado
- 250 g aceite de oliva virgen extra
- 100 g vinagre de manzana
- pimentón rojo dulce
- 1 guindilla
- sal de hierbas

Para la quinoa con crema de coco:
- 250 g de quinoa
- 250 ml de agua
- 250 ml de leche de coco
- 3 cucharadas de aceite de coco (apto para uso comestible)
- 200 g de hojas de espinaca fresca
- 1/2 cebolla
- sal de hierbas
- 2 cucharadas de aceite de oliva virgen extra

se baja el fuego al mínimo. Se tapa y se cuece unos 15 minutos. La sal se añade al final de la cocción.

10. Mezclamos la quinoa con la cebolla y la espinaca, y con la ayuda de un molde redondo se monta en el plato coronada por el queso rallado o en daditos.

RISOTTO VERDE CON QUESO VEGANO

Para 4 raciones
Tiempo elaboración:
35-40 minutos

INGREDIENTES:

- 1 cebolla pequeña
- 2 ramas de apio
- 1/2 bulbo de hinojo
- 1/2 calabacín
- 4 espárragos
- 40 g de guisantes
- 40 g de habitas
- 2 cucharadas de aceite de oliva virgen extra
- sal marina
- 300 g de arroz bio de grano redondo
- 1 vasito de vino blanco o jerez (optativo)
- 1 litro de caldo de verduras (o agua)
- 4 cucharadas de hierbas frescas picadas (perejil, albahaca, cebollino…)
- 4 cucharadas al ras de queso cremoso vegano
- 2 cucharadas de queso vegano tipo parmesano

1. Pelar y picar la cebolla bien pequeño.

2. Cortar a daditos el apio, el calabacín y el hinojo. Cortarla base de los espárragos y cortar en trozos no muy grandes.

3. Poner a calentar a fuego suave el caldo y mantenerlo caliente.

4. Por otro lado calentar el aceite en una sartén grande y rehogar la cebolla picada con dos pizcas de sal durante unos 5 minutos.

6. Incorporar los daditos de apio, calabacín, hinojo, espárragos y el arroz; remover durante unos 3-4 minutos. Echar el vino, si se utiliza, y dejar que evapore el alcohol.

7. Echar un cucharón de caldo caliente y dejar que el arroz lo absorba, sin remover. Una vez absorbido, volver a echar otro cucharón de caldo y seguir con este procedimiento hasta que el arroz esté a punto y se haya acabado el caldo (si nos quedamos sin caldo pero aún le falta cocción al arroz, le iremos echando agua bien caliente del mismo modo).

Unos 5 minutos antes de acabar, echamos los guisantes y las habitas.

8. Finalmente retiramos del fuego, incorporamos las hierbas y el queso cremoso y removemos para que se integre bien. Si notamos que se empasta, ir echando pequeñas dosis de agua hasta que quede un arroz cremoso.

9. En este punto añadimos el queso tipo parmesano y servimos de inmediato.

ARROZ NEGRO CON ARAME

Para 2-3 personas
Preparación:
unos 20 minutos, más unos
50 minutos de cocción

INGREDIENTES:

• 1 taza de arroz integral
basmati
• 1/2 taza de arroz salvaje
negro
• 1 hoja laurel
• 2 cebollas cortadas a
cuadritos
• 1 taza de champiñones
cortados finos
• 1 pimiento rojo
(escalibado, lavado y
cortado a tiras)
• 1/2 taza de alga arame
(remojada 10 minutos y
escurrida)
• aceite de oliva virgen
extra, sal marina, perejil
crudo.

1. Lavar los arroces y colocarlos en una cazuela, junto con 3 tazas de agua, una hoja de laurel y una pizca de sal marina. Tapar y llevar a ebullición, reducir el fuego al mínimo y cocer durante 40 minutos.

2. Saltear en una cazuela grande y ancha las cebollas con aceite de oliva y una pizca de sal marina, sin tapa y durante 10 minutos a fuego bajo-medio.

3. Añadir los champiñones y unas gotas de salsa de soja. Cocinarlos sin tapa hasta que todo el líquido se haya evaporado.

4. Añadir el alga arame y el arroz cocido. Mezclar con cuidado. Decorar con tiras de pimiento rojo (opcional). Servir caliente decorado con perejil.

ARROZ CON PASAS Y NUECES

Para 3-4 personas
Tiempo de preparación:
40 minutos

INGREDIENTES:
• 250 g de arroz integral
basmati
• 2 cucharadas de aceite
de oliva virgen extra
• 50 g de frutos secos
• sal marina

1. En una cazuela sofreír unos minutos el arroz con el aceite.

2. Echar agua caliente (el doble que el volumen de arroz) y añadir una pizca de sal marina.

3. Cocinamos a fuego lento hasta que el arroz esté cocido. Es el momento de añadir los frutos secos picados, remover y retirar. Servimos.

BOLITAS DE ARROZ INTEGRAL Y LENTEJAS CON SALSA DE PIMIENTOS ASADOS

para 4 personas
Tiempo preparación:
30 minutos

INGREDIENTES.
Para la salsa:
• 4 pimientos rojos asados
• 2 cebollas
• aceite de oliva virgen
extra, sal marina
• 3 dientes de ajos

Para las bolitas:
• 2 puerros picados
• aceite de oliva, sal marina
• 2 zanahorias picadas
• 1 taza de lentejas cocidas
• 3 tazas de arroz integral
cocido
• una pizca de comino molido
• harina de maíz para
rebozar

1. Primero preparamos la salsa. Pelamos los pimientos (asados al horno a 180ºC y tapados) y los cortamos en tiras.

2. Pelamos la cebolla, la cortamos en juliana y la rehogamos en una sartén con una cucharada de aceite de oliva hasta que esté tierna.

3. Picamos los dientes de ajo y los salteamos con las tiras de pimiento en una sartén con una cucharada de aceite de oliva. Añadimos la cebolla y cocemos 5 minutos; rectificamos de sal y trituramos. Reservamos.

4. Preparamos las bolitas. Salteamos el puerro picado a fuego medio en una sartén con una cucharada de aceite de oliva y una pizca de sal durante 5 minutos. Añadir la zanahoria y saltear hasta que quede blandita.

5. Mezclar el salteado de verdura con el arroz y las lentejas cocidas y rectificar de sal. Añadir el comino y triturar la mezcla levemente (han de quedar con algunos trocitos).

6. Humedecerse las manos y formar las bolitas, se pasan por la harina de maíz y se fríen, poniéndolas en una bandeja con papel absorbente. Servimos con la salsa.

ARROZ A LA MENTA CON HABAS

Para 4 raciones
Tiempo de elaboración:
40 minutos

INGREDIENTES
• 1 cebolla
• 1 cucharada de margarina de soja
• 1 cucharada de aceite de oliva virgen
• sal marina
• 2 cucharadas de perejil picado
• 600 ml de caldo de verduras
• 300 g de arroz integral de grano largo
• 500 g de habas frescas peladas
• 4 cucharadas de menta fresca troceada
• 50 g de queso de tofu

1. Calentar el arroz en una sartén en seco durante unos 6-7 minutos a fuego medio y removiendo cada tanto hasta que desprenda olor a tostado. Reservar.

2. Pelar y picar la cebolla.

3. Calentar la margarina de soja y el aceite en una sartén; rehogar la cebolla con dos pizcas de sal marina y el perejil. Añadir el arroz y remover todo durante uno o dos minutos.

4. Echar las 3/4 partes del caldo bien caliente, dejar que hierva y bajar el fuego al mínimo; tapamos y dejamos cocer durante 12 minutos.

5. Echamos las habas y seguimos la cocción 5 minutos más. Si hiciera falta añadiremos algo más del caldo reservado. Rectificar el punto de sal.

6. Una vez esté el arroz «al dente», retirar y añadir la menta picada; mezclar.

7. Al servir, rallar opcionalmente por encima el queso de tofu.

ALBÓNDIGAS CON GARBANZOS

Para 2-3 personas

INGREDIENTES:
- 250 g de garbanzos crudos
- 1 cebolla
- 2 dientes de ajo
- 1/2 pimiento rojo
- 1 zanahoria
- 50 g de maíz dulce
- perejil picado
- harina de garbanzos, de trigo o de maíz para rebozar
- sal y pimienta

1. Dejar los garbanzos en remojo durante toda una noche.

2. Escurrir los garbanzos y llevarlos a la batidora. Batir hasta que se forme una pasta junto con el ajo y la cebolla.

3.. Añadir la cebolla picada, la zanahoria en trozos, el pimiento picado, el maíz, el perejil, sal y pimienta. Mezclar bien y dejar reposar dos horas.

4 Con la ayuda de una cuchara grande o con las manos, dar forma de albóndigas pequeñas a la masa.

5. Pasar las albóndigas por la harina elegida, una a una.

6. Freír las albóndigas en abundante aceite caliente.

7. Cuando se doren, retirar de la sartén y dejar escurrir sobre papel absorbente.

ENSALADA DE GARBANZOS

Para 2 personas

INGREDIENTES:
• 300 g de garbanzos cocidos
• 1/3 de col lombarda
• 1/2 brócoli pequeño (opcional)
• 12 tomates cherry
• 1/2 cebolleta
• 1 zanahoria
• 1 pizca de sal
• vinagre de manzana

1. Cocer opcionalmente el brócoli en abundante agua hirviendo durante unos 9-10. Escurrir y dejar enfriar.
2. Lavar los garbanzos con abundante agua fría y dejar que escurran. Una vez secos pasarlos a una ensaladera.
3. Cortar la zanahoria y la cebolleta. Trocear el brócoli en arbolitos pequeños. Incorporar todo a la ensaladera junto a los garbanzos.
4. Lavar los tomates cherry, cortarlos por la mitad e incorporar a la ensalada de garbanzos vegana.
5. Aderezar la ensalada con sal, un poco de aceite de oliva y vinagre de manzana.

PASTEL DE LENTEJA ROJA CON BECHAMEL DE BERENJENA

Para 8 raciones
Tiempo elaboración:
60 minutos

INGREDIENTES:
• 1 cebolla mediana
• 1 zanahoria mediana
• 1 diente de ajo picado
• 1 patata mediana de entre
130 y 150 g
• 1 berenjena mediana de
unos 350 g
• 70 g de arroz integral
redondo
• 1/4 de cucharadita rasa de
pimentón picante
• 150 g de lentejas rojas
• 20 g de harina de espelta
integral
• 250 ml de bebida de soja
• sal y aceite de oliva virgen
extra
• 1 pizca de nuez moscada
• 4 cucharaditas de comino
crudo

Opcional:
• 2 cucharadas de frutos
secos variados troceados
o laminados (nueces,
almendras, avellanas,
pipas...)

1. Pelar y picar la cebolla al igual que la zanahoria. Pelar la patata y cortarla en láminas muy finas. Cortar la berenjena a dados pequeños.

2. Calentar un poquito de aceite en un cazo y rehogar ligeramente el arroz; lo ponemos a hervir con el cuádruple de agua de su volumen.

3. Mientras, rehogamos en una sartén y con un poquito de aceite el ajo, la zanahoria y la cebolla incorporando el pimentón al final, cuando comience a dorarse la cebolla; reservamos.

4. A la media hora de cocer el arroz incorporamos al cazo las lentejas rojas y la patata, añadimos sal y dejamos cocer 15 minutos, añadiendo un poco de agua si es necesario. Apagamos el fuego e incorporamos el sofrito; rectificar de sal si fuera necesario.

5. Ponemos a remojo en agua con sal los dados de berenjena cinco minutos para que se les quite el amargor. Escurrimos, secamos bien y ponemos a freír en aceite. Cuando estén blanditos y se hayan reducido añadimos la harina de espelta.

6. Sofreímos un poco la harina y vamos incorporando la bebida de soja, echamos la nuez moscada y sal al gusto. Al final de hacer la bechamel la pasamos por la batidora para terminar de triturar la berenjena.

7. Calentamos el horno a 200ºC. Engrasamos un molde de unos 35x20 cm y echamos el contenido del cazo, extendemos e incorporamos por encima la bechamel, después espolvoreamos por encima los frutos secos y el sésamo. Llevamos al horno durante 10 o 15 minutos y servimos caliente.

Notas de cocina
• Si haces un risotto y te sobra, aprovecha para hacer las croquetas de arroz, quedan riquísimas.
• Es importante que dejes reposar la masa en frío para que se puedan luego manipular con comodidad.
• Si no has probado el tempeh o lo has comprado pero aún no lo has utilizado, emplearlo en las croquetas es una excelente manera de conocerlo.
• Si las haces más pequeñitas, son ideales para presentar como aperitivos.

CROQUETAS DE GARBANZOS, ESPINACAS Y PIÑONES

Para unas 15 unidades
Tiempo preparación:
25 minutos más tiempo de
reposo y de horneado

INGREDIENTES:
• 80 g de hojas de espinaca fresca
• 1 diente de ajo
• 2 cucharadas de piñones
• 1 cucharada de uvas pasa
• 230 g de garbanzos cocidos
• 1 cucharadita de sal marina
• aceite de oliva virgen extra

Para rebozar:
• Harina de garbanzos

1. Lavamos bien las hojas de espinaca, las troceamos un poco con la mano y las dejamos con el agua que queden del lavado, sin secarlas.

2. Pelamos y picamos el diente de ajo.

3. Calentamos una cucharada de aceite de oliva y echamos el diente de ajo. Al cabo de unos 15 segundos echamos las hojas de espinaca y removemos a fuego medio hasta que estén bien blandas. Añadimos los piñones y las uvas pasa. Reservamos.

4. Trituramos los garbanzos hasta reducirlos a puré (si hace falta para triturar añadir un poquito de agua pero no mucho porque interesa tener un puré algo seco).

5. Mezclamos el puré de garbanzos con el rehogado. Llevamos a la nevera durante 20-30 minutos.

6. Cuando esté frío, moldeamos con nuestras manos humedecidas trocitos de masa del tamaño de una nuez grande y le damos la forma clásica de croqueta.

Una vez tengamos todas las piezas, las rebozamos en la harina de garbanzos.

Calentamos el horno a 180ºC.

7. Colocamos todas las piezas en una bandeja para horno tapizada con papel para hornear, vertemos por encima de ellas un hilo de aceite de oliva y las cocemos hasta que estén doradas (hemos de darles la vuelta para que doren uniformemente).

VEGGIE STRUDEL CON LENTEJAS

Para 4 personas

INGREDIENTES:
- 100 g de lentejas cocidas
- 1 cebolla
- 1 calabacín
- 1 zanahoria grande
- 1 berenjena mediana
- 1 caldo de verduras
- aceite de sésamo

1. Cortar en tiras todas las verduras. En un sartén sofreír la cebolla. Cuando empiece a estar dorada, añadir la zanahoria. Añadir el resto de las verduras y verter un poco de caldo de verdura para evitar que se sequen demasiado. En unos 15 minutos, las verduras estarán lista. Dejarlas reposar en un colador para que pierdan el líquido de la cocción.

2. Mezclar las verduras con las lentejas.

3. Extender la masa de hojaldre que sacada previamente del frigorífico unos 10 minutos antes. Colocar las verduras y lentejas en el centro de la masa dejando algunos centímetros por cada borde. Enrollar con ayuda del papel de hornear.

4. Hornear el strudel durante 40 minutos a 180 ºC, extraer del horno y dejar enfriar. Servir templado.

VERDURAS
Y HORTALIZAS

GRATINADO DE COL RIZADA

Para 4 personas
Tiempo de elaboración:
unos 25 minutos

INGREDIENTES:
• 350 g de zanahorias
• 600 g de patatas firmes
para cocer
• sal y pimienta
• 1 col rizada pequeña
(unos 700 g)
• 1 cebolla, 1 pimiento rojo
• 4 cucharadas de aceite
de oliva virgen extra
• 200 g de tofu ahumado
• sal de hierbas
• 80 g de queso vegano
para pizza

1. Limpie las zanahorias y pélelas, al igual que las patatas. Corte ambas en dados pequeños: y cuézalas en agua con sal hasta que queden tiernas. Mientras tanto, lave la col rizada, límpiela y córtela en tiras finas.

2. Hiérvala en una segunda cazuela unos 3 minutos en agua con sal. Cuele y deje escurrir las patatas y las zanahorias, así como la col.

3. Pele la cebolla y píquela fina. Limpie y corte en dados el pimiento. Dore ambos en 1 cucharada de aceite de oliva caliente durante 5 minutos.

4. Precaliente el horno a 200 ºC arriba y abajo (180 ºC con ventilador). Corte el tofu en dados pequeños. Vierta el tofu y la mezcla de cebolla y pimiento junto con las patatas, las zanahorias y la col rizada en una fuente refractaria y mezcle todo con el aceite de oliva restante. Condimente con sal de hierbas y pimienta al gusto.

5. Reparta por encima el queso vegano para pizza e introduzca el gratinado en el horno entre 10 y 15 minutos.

SARTENADA DE TOMATE Y BERENJENA CON AGUA DE COCO

Para 4 personas
Tiempo de preparación:

INGREDIENTES:
• 100 g de berenjenas
verdes
• 200 g de·berenjenas
violetas
• 100 g de calabacín (puede
ser calabacín amarillo)
• 2 puerros
• 4 tomates medianos
• un puñado de aceitunas
sin hueso
• 200 ml de agua de coco
• 1 cucharada de pasta de
curry (amarilla)
• 1 cucharada de cilantro
 y 1 de perejil
• sal y pimienta
• salsa de soja ligera
(si es necesario, podéis
diluirla con un poco de agua)

1. Lave las dos clases de berenjenas, séquelas y córtelas en trozos del tamaño de un bocado. Lave los calabacines, séquelos con papel de cocina y córtelos en rodajas. Prepare los puerros y tomates, séquelos y córtelos en rodajas.
2. Lleve a ebullición en una cazuela el agua de coco junto con la pasta de curry.
3. Introduzca las hortalizas y la guindilla y cuézalo 2 minutos. Añada el cilantro y el perejil. Condiméntelo con sal, pimienta y salsa de soja.
Se puede acompañar de arroz basmati.

VERDURAS EN LECHE DE COCO

Para 4 raciones
Tiempo preparación:
30 minutos, más el tiempo
de cocción

INGREDIENTES:
• 1 calabacín
• 1 zanahoria
• 200 g de repollo
• 250 g de coliflor o bróquil
• 1 pimiento amarillo
• 1/2 manojo de cebolletas
• 100 g de brotes de soja
• 100 g de brotes de bambú
(en tiendas de comida
oriental)
• 1 chalote y 3 dientes de ajo
• 1 cucharadita de "sambal
oelek"; es una pasta picante
típica de Thailandia e
Indonesia, hecha a base de
chile, agua y sal
(opcional - en tiendas de
comida oriental)
• sal y pimienta
• 1/4 de cucharadita de
copos de guindilla
(opcional; al gusto)
• 1 cucharada de aceite
de cacahuete
• 400 ml de leche de coco

1. Lave y seque las verduras. Corte el calabacín en rodajas y el repollo en tiras. Separe la coliflor en ramitos y trocee la zanahoria y el pimiento. Corte las cebolletas en trozos de 4 cm de largo. Para terminar, lave los brotes de soja y escurra los de bambú.

2. Pele y pique el chalote y los ajos. Mezcle el chalote y el ajo con el "sambal oelek" y sal hasta obtener una pasta espesa. Añádale la guindilla.

3. Caliente el aceite en una sartén de hierro o un wok y rehogue la pasta unos 3 minutos, removiendo. Vierta 200 ml de agua y la leche de coco, llévelo a ebullición, eche las verduras y remuévalo.

4. Tape la sartén y cueza las verduras durante unos 10 minutos. Finalmente, salpimiéntelas al gusto y sírvalas con arroz.

CALABAZA AL HORNO CON FRUTOS SECOS Y JENGIBRE

Para 4 personas
Tiempo de elaboración:
unos 30 minutos

INGREDIENTES:
• 300 g de calabaza
hokkaido
• 3 cucharadas de aceite de
oliva virgen extra, sal
• 1/2 diente de ajo
• 1 trozo pequeño de
jengibre fresco de 1 cm
• 30 g de frutos secos y
semillas (pistachos, piñones,
nueces, almendras)
• 1 pizca de pimienta de
cayena
• 1 cucharada de azúcar

1 Precaliente el horno a 200 ºC. Lave la calabaza y córtela en gajos estrechos, pero no la pele. Sofría los gajos de calabaza por ambos lados en 1 cucharada de aceite de oliva, hasta que se doren ligeramente. Sálelos y áselos entre 10 y 15 minutos en el horno, hasta que queden tiernos.

2 Mientras tanto, pele el ajo y el jengibre, y píquelos gruesos junto con los frutos secos y las semillas. Mezcle con la cayena y saltee todo en 1 cucharada de aceite de oliva. A continuación, caramelice con el azúcar a fuego medio.

3 Retire la calabaza del horno y esparza la mezcla crujiente. Vierta por encima el resto del aceite de oliva.

ALCACHOFAS AL HORNO UN PUNTO PICANTES

4 raciones
Tiempo preparación:
30 minutos

INGREDIENTES:
- 1 limón
- 8 alcachofas
- 1/2 taza de hojas de menta fresca
- 1/2 taza de hojas de perejil fresco
- 2 tomates sin piel ni semillas
- 1 cucharadita de guindilla molida
- sal marina, aceite de oliva virgen extra

1. Rallamos finamente la piel del limón y por otro lado exprimimos el zumo y lo mezclamos con un vaso grande de agua.

2. Quitamos las hojas externas más duras de las alcachofas, recortamos la parte superior en punta para dejarla roma, y las cortamos por la mitad a lo largo.

3. Quitamos el centro piloso y las vamos poniendo en el agua con limón de inmediato a medida que las vamos preparando para evitar que se ennegrezcan.

4. Calentar una cazuela con agua y un poco de sal, y cuando hierva echar las mitades de alcachofas durante 5 minutos. Colar.

5. Mientras escaldamos las alcachofas picamos las hierbas frescas y las mezclamos en un bol con la ralladura de limón, el tomate cortado en daditos y la guindilla molida.

6. Calentamos el horno a 180 ºC y tapizamos una bandeja con papel para horno.

7. Colocamos las mitades de alcachofa en la bandeja y rellenamos los centros con la mezcla de hierbas y tomate que habíamos preparado. Condimentamos con un poquito de sal marina, echamos por encima un chorrito de aceite de oliva y horneamos 15 minutos. Servir.

AGUACATES RELLENOS DE ENSALADA DE MIJO

Para 4-5 raciones
Tiempo elaboración:
40 minutos

INGREDIENTES:

• 4 aguacates
• 300 g de mijo
• Đ bolsa de berros o de canónigos
• 8 tomates secos en aceite
• 2 manzanas
• 30 g de uvas pasas
• 1 pepino español
• 24 aceitunas negras sin hueso
• aceite de oliva
• zumo de un limón
• sal marina

1. Cocemos el mijo unos 20 minutos en un cazo con el doble de agua y un poco de sal (si antes de cocerlo lo tostamos en una sartén sin aceite quedará más aromático). Lo pasamos por agua fría, escurrimos y reservamos en un bol.

2. Escurrimos los tomates secos en aceite y los picamos finitos. Hacemos lo mismo con los demás ingredientes menos los berros (que se añadirán después de la maceración) y añadimos a la mezcla un chorrito de aceite de oliva, la sal y el zumo de limón. Dejamos unos minutos para que maceren.

3. Es ahora cuando añadimos a la mezcla el mijo y los berros bien picaditos (podemos dejar algunos como adorno sobre los aguacates)

4. Cortamos los aguacates por la mitad y a lo largo, quitamos el hueso y rellenamos con la mezcla.

Si los aguacates son demasiado carnosos podemos vaciarlos un poquito de su pulpa para que el relleno entre mejor y añadir esta pulpa a la ensalada.

BRÓCOLI CON SALSA DE MANZANA

Para 6 raciones
Tiempo elaboración:
30 minutos

INGREDIENTES:

• 1 brócoli grande
• 3 manzanas
• 3 cebollas
• 4 cucharadas de aceite de oliva virgen extra
• sal al gusto
• 3 cucharadas de almendras molidas
• 1 cucharada sopera de maicena
• la mitad de una botella de sidra
• una pizca de nuez moscada

1. Primero cocinamos el brócoli con poca agua y poca sal durante 5 minutos. Lo dejamos escurriendo en un colador.

2. Preparamos la salsa. Pelamos las manzanas y las cebollas, y las picamos muy finas. Ponemos a calentar el aceite y sofreímos las cebollas durante 3-4 minutos con dos pizcas de sal.

3. Luego le agregamos las manzanas y seguimos la cocción hasta que se queden tiernas. Añadimos las almendras molidas y mezclamos.

4. En una taza desleímos la maizena con la sidra y lo mezclamos todo muy bien. Vertemos a la sartén y mezclamos. Condimentamos con un poquito de sal y nuez moscada y lo retiramos del fuego.

5. Batimos hasta formar una crema. Servir el brócoli con la crema por encima.

Nuestro consejo:
quedan muy bien acompañados de puré de batata (boniato) asada.

155

RAVIOLI DE CALABACÍN RELLENOS DE MIJO CON ALIOLI

4 raciones
Tiempo preparación:
30 minutos

INGREDIENTES.

Para los envueltos:
• 250 g de judía verde
cortada en pequeños trozos
• 3 zanahorias cortada a
daditos
• 2 cebolletas cortada a
daditos
• 200 g. de maíz tierno
• 1 taza de mijo
• 2 cucharas de tamari
• 3 calabacines anchos
• 2 ramitas de perejil picado

Para el alioli:
• 2 volúmenes de aceite (de
oliva o semillas o mezclado)
• 1 diente de ajo (o más
cantidad según el gusto)
• 1 volumen de leche de soja
• una pizca de sal

1. Preparamos los envueltos. Hervimos con una pizca de sal la judía verde, la zanahoria y la cebolleta hasta que estén tiernos. Reservamos.

2. Ponemos a cocer el mijo con dos tazas de agua y una pizca de sal. Cuando arranque a hervir tapamos la cazuela y bajamos el fuego a mínimo; cocemos durante 20 minutos.

3. Mezclamos la verdura cocida con el mijo, el maíz , el perejil y el tamari. Reservar para el relleno.

4. Cortamos los calabacines a lo largo (con mandolina mejor). La escaldamos en agua hirviendo durante 30 segundos para que queden al dente sino se romperán al manipularlos; las retiramos y las enfriamos. Reservamos.

5. Preparamos el alioli. Ponemos en el vaso de un minipimer el aceite después el resto de ingredientes y batimos despacio de abajo a hacia arriba cuidadosamente hasta que quede una crema homogénea.

6. Para el montaje ponemos en forma de cruz dos láminas de calabacín y en el centro una cucharada grande de relleno. Cerramos las láminas formando un pequeño paquete; calculamos 3 por persona.

7. Decorar encima de cada uno con el alioli y perejil picado.

FRITURAS DE ESPAGUETI DE MAR

Para 4 raciones
Tiempo elaboración:
40 minutos

INGREDIENTES:
• 1/4 de paquete de algas de espagueti de mar
• 3 cucharadas de harina de garbanzos
• una pizca de sal

1. Ponemos en remojo las algas durante 30 minutos, luego las escurrimos y secamos bien.

2. Las rebozamos en la harina de garbanzos mezclada con un poquito de sal marina y las freímos en aceite bien caliente.

3. Las escurrimos sobre papel absorbente y servimos.

KABOUCHA TEMPURA UDON

Para 4 personas
Tiempo preparación:
25 minutos

INGREDIENTES.

Para el udon miso:
• 2 litros de caldo vegetal
• 6 setas shiitake
• 1 bloque de tofu
• 2 hojas de alga nori
• 1 cebolleta cortada
• 4 cucharadas de miso
• 600 g de fideos udon

Para la tempura:
• 650 ml de agua fría
• 300 g de harina de trigo
• 50 g de almidón de patata
• 1 cucharada de levadura
en polvo
• 1 cucharada de sal
• 1/2 calabaza

1. Ponemos a hervir el caldo vegetal con los shiitake durante 10 minutos a fuego bajo. Apagar el fuego y añadir el miso, la cebolleta, el alga nori y el tofu cortado en dados. Añadimos los fideos udon 5 minutos antes de servir.

2. Preparamos la tempura. Pelar la calabaza y cortarla en medias lunas finas.

3. Mezclamos la harina, el almidón, la levadura y la sal en un bol. Añadimos poco a poco el agua fría hasta obtener una masa sin grumos.

4. Ponemos a calentar el aceite para freír. Ponemos cada media luna de calabaza en la masa de la tempura y freímos de una en una hasta que empiecen a dorarse un poco.

5. Servir el udon miso en un bol con 3 o 4 piezas de tempura de calabaza.

TEMPURA DE VERDURAS CON SALSA DE JENGIBRE Y KUZU

Para 4 raciones
Tiempo elaboración:
30 minutos

INGREDIENTES.
Para la salsa:
• 1/2 cebolla
• 1/2 pimiento
• 1 cucharada sopera de aceite de oliva virgen extra
• 1 diente de ajo picado
• 1 cucharada de jengibre rallado
• 1 taza de caldo vegetal o agua
• 1 cucharada de melaza de arroz o maíz o sirope de ágave
• 2 cucharadas de tamari
• 1 cucharada de vinagre de arroz (optativo)
• 1 cucharada sopera de kuzu disuelto en 200 ml de agua

Para la tempura:
• 200 g de harina integral
• 1 vaso de agua bien fría o caldo frío
• 3 alcachofas
• 4 hojas de col lombarda
• 3 zanahorias
• 1 calabacín
• 1 pimiento rojo

1. Preparamos la salsa. Cortamos en daditos pequeños la cebolla y el pimiento rojo. Calentamos una cucharada de aceite de oliva en una sartén grande o wok y salteamos la picada de cebolla y pimiento durante 3 minutos.
2. Añadimos el ajo y el jengibre, salteamos y agregamos los demás ingredientes, excepto el kuzu.
3. Cocemos unos 7 minutos aproximadamente y cuando está casi por hervir añadimos el kuzu.
4. Mezclamos bien con batidor de varillas, retiramos y reservamos.
5. Para hacer la masa de tempura mezclamos la harina con el agua o caldo hasta conseguir una consistencia que no sea muy líquida ni muy espesa. Podemos añadir unas gotas de tamari para darle más sabor.
6. Cortamos la verdura en tiras o trozos, a las alcachofas le pasamos limón para que no oscurezcan. Las pasamos por la pasta y las freímos en una sartén con aceite caliente.
7. Escurrimos bien sobre papel absorbente y servimos de inmediato con la salsa.

Para 4 raciones
Tiempo preparación:
45 minutos más remojo

INGREDIENTES.

Para los pastelitos:
• 70 g de guisantes secos
• 1 diente de ajo picado
• 2,5 cm de jengibre pelado
• 1 chile verde fresco
• 1/4 cucharadita de
levadura en polvo
• 4 cucharadas de harina
• 1/2 cucharadita de sal
marina
• 5 o 6 ramas de cilantro
fresco picado
• aceite para freír

Para el curry:
• 2 cucharaditas de semillas
de comino
• 2 cucharaditas de semillas
de cilantro
• 4 dientes de ajo
• 2,5 cm de jengibre pelado
• 2 chiles rojos frescos
• 1 cucharadita de cúrcuma
• las semillas de 4
cardamomos
• 1/2 cucharadita de sal
• 1 cucharadita de azúcar
integral
• 250 ml de yogur
• 400 ml de leche de coco
• 75 g de guisantes
(frescos o congelados)

Para acompañar:
• Arroz basmati cocido

PASTELITOS DE CILANTRO Y GUISANTES CON SALSA CURRY AL COCO

1. Para hacer los pasteles poner en remojo los guisantes secos durante 4 horas o toda la noche.

2. Escurrir e introducirlos en una picadora con el ajo, el jengibre, el chile sin semillas y si hiciera falta un poco de agua (no más de 3 cucharadas) Triturar todo durante 5 minutos hasta que se forme una pasta espesa. Añadir la levadura, la harina, la sal, y el cilantro y volver a triturar hasta que este cremoso y de color verde.

3. Con la ayuda de una cucharita hacer bolitas e ir friéndolas en aceite; deberían salir doce unidades. Reservar.

4. Para preparar el curry, tostar en la sartén las semillas de comino y de cilantro a fuego medio e introducirlas en la picadora, junto con los demás ingredientes excepto el coco y los guisantes. Triturar de 3 a 4 minutos.

5. Pasar esta pasta a una cazuela y cuando comience a borbotear bajar el fuego y seguir cocinando 2 minutos más.

6. Incorporar la leche de coco, subir el fuego, tapar la cazuela y esperar que hierva, entonces bajar el fuego y cocinar 15 minutos e incorporar los guisantes. Servir los pasteles con la salsa de curry y acompañar con arroz.

BROCHETAS DE VERDURAS CON CUSCÚS DE COLIFLOR

Para 4 personas
Tiempo elaboración:
60 minutos

INGREDIENTES.
Para las bolitas de tofu
(dos cada brocheta):
• 200 g de tofu blando
• el zumo de media naranja
• 1 aguacate
• 3 cucharadas de pipas de girasol
• 1 cucharada de semillas de sésamo + 2 cucharadas para el rebozado

Para las brochetas:
• 8 tomates cherry
• 2 zanahorias medianas
• 1 berenjena pequeña
• 1 calabacín pequeño
• 1 mango
• 4 champiñones
• 8 bolitas de tofu

Para la salsa de maceración:
• 3 cucharadas de vinagre de umeboshi (o de manzana)
• 6 cucharadas de aceite de oliva virgen extra
• 2 cucharadas de salsa de soja
• 1 diente de ajo y albahaca

Para el cuscús:
• 1/2 coliflor
• aceite, sal

1. Primero se hacen las bolitas de tofu. Molemos en un molinillo de café las semillas de girasol y la cucharada de sésamo.

2. En un robot de cocina echamos las semillas molidas, el tofu, el aguacate y el zumo de naranja y trituramos hasta formar una pasta moldeable. Con las manos hacemos unas bolitas y las rebozamos en las semillas de sésamo restantes. Reservamos.

3. Se cortan las zanahorias y las berenjenas en dados.

4. Con una cucharilla quitamos bolitas del calabacín y del mango. Lavamos los champiñones.

5. Vamos montando en los palillos de brocheta todos los ingredientes al gusto (la sugerencia es que lleven 2 champiñones, 2 tomatitos y dos bolitas de tofu cada una).

6. Ya montadas las cuatro brochetas en sus palillos se dejan macerar en una fuente con la salsa mientas preparamos el cuscús.

7. El cuscús es muy sencillo: en el robot de cocina picamos finamente la coliflor (solo la parte blanca) hasta que quede con la textura de la sémola o de un arroz.

8. Metemos las brochetas en el horno bien mojaditas en su salsa y lo ponemos a 200ºC durante 15 min.

9. Echamos unas gotas de aceite en una sartén y enseguida añadimos la coliflor vuelta y vuelta para que quede al dente, casi cruda. Nuestro consejo. Este plato se sirve con un montoncito de cuscús y albahaca picada y una o dos brochetas.

MUSSAKA

Para 4 raciones
Tiempo elaboración:
unos 50 minutos

INGREDIENTES:

• 2 patatas
• 2 berenjenas grandes
• 250 g de seitán
• media cebolla
• 1 diente de ajo
• 150 g de tomate triturado natural
• 1/2 cucharadita de comino molido
• 1 cucharada de gomasio

Para la bechamel:
• 1,5 cucharadas de kuzu (al ras)
• 360 ml de bebida de soja
• sal marina, nuez moscada

Opcional al gusto.
Para gratinar también puedes mezclar el gomasio con un poco de queso vegano tipo parmesano, rallado muy fino. Unos minutos de horno... ¡y a la mesa!

1. Pelar las patatas, cortarlas en rodajas finas y cocerlas en agua con sal hasta que estén tiernas pero no pasadas, el punto ideal es «al dente», es decir que conserven todavía su firmeza. Retirar y reservar.

2. Quitamos el pedúnculo a las berenjenas y cortamos a lo largo en láminas finas (como el espesor de las patatas). Untarlas ligeramente con aceite de oliva y dorarlas a la plancha por ambos lados. Reservamos en un plato.

3. Pelar y picar la cebolla y el ajo bien finos.

4. Cortamos el seitán en trocitos bien pequeños o picamos en una picadora.

5. Calentar dos cucharadas de aceite de oliva en una sartén y rehogar la cebolla y el ajo con una pizca de sal durante 2 minutos.

6. Añadimos el seitán y rehogamos 3 minutos más. Incorporamos el tomate triturado y el comino, cuando comience a hervir, bajamos el fuego y cocemos unos 15 minutos. Retiramos y dejamos reposar. Rectificamos el punto de sal.

7. Calentamos el horno a 180ºC.

8. En una fuente con profundidad colocamos una base de patatas cocidas, seguidamente poner una buena capa de berenjenas asadas, luego ponemos el picadillo de seitán, tapamos con una capa de patatas, y cubrimos con las berenjenas restantes. Reservamos un momento mientras preparamos rápidamente una bechamel.

9. Diluir el kuzu con unas cucharadas de la bebida de soja fría o a temperatura ambiente y la ponemos en un cazo con el resto de bebida de soja, dos pizcas de sal y nuez moscada a gusto.

10. Llevamos al fuego y removemos con cuchara de madera hasta que espese (no pasarse de cocción, ha de quedar una salsa ligada pero ligera). Retiramos y vertemos de inmediato sobre la fuente. Esparcir por encima el gomasio y llevamos a gratinar al horno. Servimos de inmediato.

BERENJENAS MARINADAS

**Para 4 raciones
(crudivegano)
Tiempo elaboración:
20 minutos más los tiempos
de marinación indicados**

INGREDIENTES:

• 350 g de berenjenas
• 160 g de zanahoria
• 100 g de pimiento rojo
• 50 g de aceitunas negras
• 100 g de cebolla
• 40 ml de zumo de limón
• 60 ml de aceite de oliva
virgen extra y 4 g de sal
• 4 g de orégano fresco.

1. Pela la berenjena y córtala en juliana (tiras finas).

2. Pela y corta la zanahoria láminas finas.

3. Coloca las dos hortalizas cortadas en un recipiente, añade el zumo de limón, el aceite, el orégano y la sal (2 g) y deja marinar toda la noche.

4. Una vez marinado, escurre las verduras.

5. Pela y corta la cebolla en tiras finas y déjala macerar con 2 g de sal durante 30 minutos.

6. Lava, retira las semillas del pimiento, córtalo en juliana, y mézclalo con las tiras marinadas de berenjena y zanahoria.

7. Deshuesa y pica las aceitunas negras. **8.** Añade la cebolla al resto de ingredientes y, en el momento de servir, incorpora las aceitunas por encima.

PROTEÍNAS VEGETALES

SALCHICHAS COMPLETAS VEGANIZADAS

Para 6 raciones
Tiempo elaboración: 60 min.

INGREDIENTES.

Para la masa de la salchicha
• 1 cebolla roja
• 2 dientes de ajo
• 1 cucharada de harina de trigo integral
• 1 cucharada de levadura de cerveza
• 2 tazas de gluten (en tiendas de dietética)
• 1/2 cucharada de pimentón ahumado
• 1/2 cucharadita de pimentón dulce
• 1 cucharadita de orégano
• 1 cucharada de azúcar moreno
• 1 cucharadita de ají molido
• c/s nuez moscada
• c/s sal y c/s pimienta negra
• 2 cucharadas de salsa de soja
• 2 cucharaditas de mostaza
• 1 cucharada de aceite de oliva virgen extra
• 2 tazas de agua fría

Para «el completo»:
• 12 panecillos para frankfurt
• 3 tomates de rama
• 3 aguacates
• 12 salchichas
• c/s ketchup y c/s mostaza
• c/s aceite de oliva virgen extra

Preparamos las salchichas:

1. Pica en trozos muy finos la cebolla y los ajos.

2. Mezcla en un bol la harina, la levadura, el gluten, el pimentón ahumado, el pimentón dulce, el orégano, la cebolla picada, los ajos picados, el azúcar moreno, el ají, un poquito de nuez moscada, sal y pimienta.

3. En otro bol mezcla la salsa de soja, la mostaza, el aceite y el agua fría.

4. Añade la mezcla del agua al bol del gluten y mezcla bien con la mano durante un par de minutos.

5. Pon agua a hervir en una olla grande.

6. Corta trozos de papel film y rellena con un par de cucharadas de la masa y enróllala hasta que tenga forma de salchicha. No quites el papel film. Hazlo varias veces hasta conseguir doce salchichas.

7. Ponlas a hervir durante una hora con la olla tapada.

8. Una vez hervidas resérvalas en nevera hasta que estén firmes.

9. Cuando haya pasado ese tiempo, pon una sartén a calentar con un chorrito de aceite de oliva y cocina las salchichas hasta que estén doradas.

10. Corta los aguacates en cubos y aplástalos con la ayuda de un tenedor. Corta los tomates en rodajas.

11. Abre el panecillo, ponle el tomate al fondo, la salchicha, un poco de aguacate, ketchup, mostaza y listo para servir. Repite la misma acción hasta obtener 12 completos.

BURGUER DE LENTEJAS

Para 8 piezas
Tiempo preparación:
10 minutos

INGREDIENTES:
• 3 pimientos morrones rojo (pueden ser de conserva)
• unas ramitas de cilantro
• sal y 1 cucharada de pimentón ahumado
• unas pizcas de asafétida (especia)
• 200 g de lentejas cocidas
• 1/2 taza de arroz integral hervido
• pan rallado

1. Se trituran con un minipimer los pimientos, el cilantro, las especias y sal.
2. Se mezcla esta salsa con las lentejas y el arroz, se va añadiendo el pan rallado hasta que la mezcla lo requiera y se puedan moldear las hamburguesas.

MAXI BURGUER GOPAL

Para 10 piezas
Tiempo preparación:
10 minutos más tiempo de
hidratación

INGREDIENTES:
• 250 g de proteína de soja
texturizada
• 3 hojas de laurel
• unas ramitas de perejil
• 3 cucharadas de mostaza
• 1/2 cucharadita de curry
• sal y pan rallado

1. Se hidrata la proteína de soja en 2 litros de agua hirviendo con hojas de laurel, se escurre para quitar el exceso de agua y se deja enfriar.

2. Se pica el perejil y se le agrega a la soja junto con la mostaza, el curry y la sal. Se mezcla bien todo y se le va incorporando el pan rallado hasta tener la consistencia que permita hacer la hamburguesa.

BURGUER DE QUINOA Y ALGAS

Para 8 piezas
Tiempo preparación:
30 minutos

INGREDIENTES:
• 150 g de quinoa
• 2 berenjenas grandes
• 3 hojas de alga nori
• 1 pimiento verde
• pan rallado
• sal marina

1. Hervir la quinoa en el doble de su volumen de agua, se cocina hasta que absorba toda el agua.

2. Las berenjenas se ponen al horno hasta que estén bien blandas y se pelan, se ponen en un recipiente y se le agrega una hoja de alga troceada, la sal y se tritura con un minipimer.

3. Se pica finamente el pimiento y el resto de alga, se le agrega a la quinoa hervida. Todo esto se mezcla con la berenjena; comprobar el punto de sal.

4. Se revuelve todo muy bien y se le va poniendo el pan rallado hasta conseguir la textura.

HAMBURGUESAS DE ESPINACAS

INGREDIENTES
• 600 g de espinacas frescas (pueden ser congeladas)
• 300 g de tofu seda
• 1 zanahoria, 1 cebolla
• 2 dientes de ajo
• 25 g de piñones
• 25 g de pasas (sin semillas)
• pan rallado
• aceite de oliva, sal y pimienta
• unas hojas de lechuga

1. Hierve las espinacas durante aproximadamente 8 minutos y escurre muy bien, puedes ayudarte con papel absorbente de cocina.

2. Pica la cebolla fina junto con los ajos.

3. Rehoga la cebolla y el ajo en una sartén con dos cucharadas de aceite unos cinco minutos.

4. Ralla finamente la zanahoria.

5. Pica las espinacas y mézclalas con el queso de Burgos, la zanahoria, el sofrito de cebolla y ajo, los piñones y las pasas.

6. Salpimienta y agrega pan rallado hasta conseguir una masa compacta.

7. Da forma a las hamburguesas y fríe en una sartén con muy poco aceite.

8. Acompaña con lechuga.

LAS HAMBURGUESAS VEGANAS MÁS DELICIOSAS

Toni Rodríguez es uno de los primeros chefs veganos de nuestro país. A través de su empresa «Lujuria Vegana», es también un auténtico pionero en postres veganos, es decir, sin miel y sin huevos ni lácteos. El resultado es una auténtica delicia.

Presentamos esta vez algunas recetas de su trabajo sobre hamburguesas veganas, reunidas en un libro excelente con más de cien hamburguesas vegetales diferentes (ver Bibliografía), junto a originales formas de presentarlas, con salsas fabulosas.

Para preparar hamburguesas veganas

• Hay muchas formas de preparar hamburguesas vegetarianas, lo más importante es que estén húmedas, compactas, bien cocinadas y sabrosas.

• Primero hay que buscar el sabor que le queremos dar. La hamburguesa puede estar hecha con una base de verduras, cereales, legumbres o cualquier otro alimento vegetal. Pero si queremos obtener un sabor fuerte parecido a la carne podemos añadirle pimentón, hierbas aromáticas, especias o productos ahumados (sal ahumada, humo líquido, humo en polvo, pimentón ahumado), o podemos ahumarla nosotros mismos.

• El segundo paso consiste en compactarlas lo suficiente como para que resistan bien al cocerlas y servirlas en el plato. Si a la preparación base le falta consistencia podemos añadirle pan rallado, copos de avena, soja texturizada sin hidratar o una mezcla especial que venden hecha a base de alginato (un producto que proviene de las algas) y calcio.

• Hay que añadir la cantidad justa para que esté suficientemente compacta, pero sin que absorba del todo la humedad. En este caso, obtendríamos una hamburguesa seca y poco agradable al paladar.

• Según sea la base de la hamburguesa no hará falta añadirle un aglutinante. Si la hacemos a base de cereales o legumbres cocidos se compactarán por si solas. Y, si las hacemos a base de una proteína o un cereal sin haberlo cocido anteriormente (como el gluten), se acabarán de compactar en la misma cocción. Es muy impor-

tante observar la humedad del producto. Numerosos factores pueden afectar a la humedad de la hamburguesa, desde el tiempo que se cocina hasta el agua que contienen los ingredientes.

• El tercer paso es la cocción. Las hamburguesas se pueden hacer a la plancha con o sin aceite, fritas, al horno, al vapor, cocidas en un caldo (según sea la composición de la hamburguesa), a la parrilla o dejarlas crudas. Ten en cuenta que los principales problemas que encontrarás a la hora de elaborar una hamburguesa serán la textura y el sabor.

• Utensilios y equipos: un molde para hacer hamburguesas, pasapurés, pelador, bol, balanza, cuchillo, espátula, trituradora de vaso y de brazo, aro cortapasta, freidora, plancha de asar, sartén, picadora y mortero.

Los ingredientes
Soja texturizada, seitán, tofu, tempeh, cereales y legumbres, leche de soja, aceites vegetales, hierbas aromáticas, especias, hongos, tubérculo y frutos secos.

HAMBURGUESA DE SETAS Y FRIJOLES NEGROS CON QUESO CRUDO

INGREDIENTES:

Para hacer las hamburguesas de setas y frijoles negros:
• 200 g de champiñones
• 200 g de champiñones grandes tipo portobello
• 2 cebollas
• 2 dientes de ajo
• 350 g de frijoles negros
• 90 g de soja texturizada
• 85 g de pan rallado
• aceite de oliva virgen extra
• sal y pimienta

Para los pimientos con aceite de sésamo:
• 4 pimientos morrones
• sal y 2 cucharadas de aceite de sésamo

Para el acabado:
panes tiernos de hamburguesa, pimientos con aceite de sésamo, mostaza de eneldo, rúcula, sirope de agave y salsa de queso crudo (ver receta).

1. Pon la soja texturizada en remojo con agua o caldo vegetal hasta que esté bien hidratada. Luego, cuélala para quitarle el exceso de líquido.

2. Pica los champiñones, los champiñones Portobello, las cebollas y los dientes de ajo. Cocínalo todo en una sartén tapada con dos cucharadas de aceite de oliva hasta que se haya evaporada la mayor cantidad de agua posible.

3. Pon los frijoles en un bol y cháfalos con un mortero o un tenedor. Añade los champiñones cocinados, la soja texturizada hidratada y el pan rallado. Amasa hasta obtener una masa compacta y húmeda y salpimienta al gusto.

4. Forma las hamburguesas. Calienta una plancha a fuego medio con muy poco aceite de oliva y cocina las hamburguesas vuelta y vuelta hasta que estén marcadas por ambos lados.

5. para los pimientos con aceite de sésamo, pon el wok a fuego medio con las dos cucharadas de aceite de sésamo.

6. Corta los costados de los pimientos y saltéalos con un poco de sal hasta que empiecen a coger un color dorado.

7. para el acabado hornea los panes de hamburguesa a 180 ºC durante 1 minuto. Unta las bases con mostaza de eneldo y agave.

8. En las bases de los panes, coloca dos trozos de pimientos con aceite de sésamo en la mitad de los panes

y añade un par de cucharadas de salsa de queso crudo. Coloca las hamburguesas encima y decora con un poco de rúcula.

CHORIZO BURGER CON CAVIAR DE BERENJENA

INGREDIENTES.

Para hacer las chorizo burgers:
• 400 g de alubias blancas
• 120 g de soja texturizada (tamaño pequeño)
• 2 cucharadas de pimiento choricero
• 3 dientes de ajo
• 1/4 de cucharadita de comino molido
• 95 g de pan rallado
• aceite de oliva virgen extra
• sal y pimienta
• guacamole al gusto (opcional)

Para el caviar especial de berenjena:
• caviar de berenjena (ver receta)
• 1/2 cucharadita de aceite de sésamo
• 2 cucharadas de levadura de cerveza
• 1/4 de cucharadita de nuez moscada

Para el acabado:
panes de chapata, caviar de berenjena (ver receta), aceite de oliva virgen extra, 8 champiñones, hojas de espinacas y hojitas de albahaca

1. Pon las alubias blancas en un cuenco y cháfalas con la ayuda de un tenedor. Deja la soja texturizada en remojo con agua o caldo vegetal hasta que esté bien hidratada. Luego, cuélala para quitarle el exceso de líquido.

2. Tritura parte de las alubias con los dientes de ajo, una cucharada de aceite de oliva, el pimiento choricero y el comino molido. Una vez triturado, añádelo todo al bol de las alubias.

3. Mezcla todos los ingredientes hasta obtener una masa compacta pero húmeda. Salpimenta al gusto.

4. Haz hamburguesas con forma alargada. Calienta una plancha a fuego medio, añade un poco de aceite de oliva y pasa las hamburguesas por la plancha dando vuelta y vuelta. Servir con el guacamole, o bien:

5. Prepara el caviar especial de berenjena mezclándolo con el aceite de sésamo, la levadura de cerveza y la nuez moscada.

6. Para el acabado, tuesta los panes de chapata y echa un chorro de aceite en ambos lados del pan. Corta los champiñones en rodajas finas y repártelos en las bases de los panes.

7. Coloca unas hojas de espinacas, las hamburguesas de chorizo, el caviar especial de berenjena y unas hojitas de albahaca.

HAMBURGUESA DE LENTEJAS Y TOFU AHUMADO CON PIMIENTOS DEL PIQUILLO

INGREDIENTES.

Para hacer las hamburguesas de lentejas y tofu ahumado:

- 350 g de lentejas cocidas (también quedan muy bien con garbanzos)
- 200 g de tofu ahumado
- 1 diente de ajo, 1 cebolla, 1/2 cucharadita de orégano, 1/2 cucharada de pimentón, 1 cucharadita de mostaza de Dijon
- 60 g de pan rallado
- aceite de oliva virgen extra
- sal y pimienta

Para el pan de payés con tomate:

- 8 rebanadas de pan de payés
- 1 diente de ajo, 4 tomates
- sal y aceite de oliva virgen extra

Para los pimientos del piquillo:

- 8 pimientos del piquillo
- sal y aceite de oliva virgen extra

1. Introduce el ajo, la cebolla, el orégano, el pimentón, la mostaza y la mitad de las lentejas en una picadora y pica todos los ingredientes a máxima velocidad con golpes secos para que no se conviertan en puré. Pasa la mezcla a un bol.

2. Ralla el tofu ahumado con un rallador y añádelo al bol.

3. Por último, incorpora el resto de las lentejas, el pan rallado, sal y pimienta y mezcla todo bien hasta obtener una masa compacta y húmeda.

4. Haz hamburguesas con forma alargada. Calienta una plancha a fuego medio, añade un poco de aceite de oliva y pasa las hamburguesas por la plancha dando vuelta y vuelta hasta que estén bien marcadas.

5. Para el pan de payés con tomate, tuesta los panes de payés en la plancha o el horno a 180 ºC durante 5 minutos. Pela el diente de ajo y úntalo por la parte superior de todos los panes. Corta los tomates por la mitad y unta cada rebanada con medio tomate. Sirve con un chorro de aceite de oliva virgen extra y sal.

6. Pon una sartén a fuego medio con un chorro de aceite. Lava los pimientos del piquillo con un poco de agua y saltéalos durante 5 minutos con un poco de sal.

7. Antes de servir, coloca el pico de gallo encima de las bases de los panes de payés. Abre los pimientos

Para el acabado:

pan de payés con tomate, pimientos del piquillo, cebollino, mayonesa y pico de gallo (ver recetas).

por la mitad y colócalos encima. Después pon las hamburguesas de lentejas y el tofu ahumado.

8. Por último, añade una cucharada de mayonesa con un poquito de cebollino picado.

BLACK BEAN BURGER CON PICO DE GALLO Y MAYONESA DE CHIPOTLE

INGREDIENTES.

Para hacer las blacks bean burgers:

• 300 g de frijoles (judías) refritos
• 350 g de seitán
• 1 cebolla morada
• 1 diente de ajo
• 1/4 de taza de cilantro picado
• 1/4 de taza de perejil picado
• 1 cucharada de orégano
• 1 cucharada de pimentón (ahumado, si es posible)
• 80 g de pan rallado
• aceite de oliva, sal y pimienta

Para el acabado:

mayonesa de chipotle y pico de gallo (ver recetas), panes de hamburguesa y lechuga lollo rojo.

1. Pon los frijoles refritos en un cuenco y cháfalos con la ayuda de un tenedor. Pica los dientes de ajo y la cebolla en trozos muy pequeños y añádelos a los frijoles. Pica el seitán, el cilantro y el perejil en una trituradora.

2. Ahora agrega el pimentón, las hierbas picadas con el seitán, el orégano, aceite de oliva al gusto, sal y pimienta y mezcla hasta que los sabores se hayan mezclado bien. Añade poco a poco pan rallado a la mezcla y amasa con la ayuda de las manos.

3. Forma ocho hamburguesas y cocínalas a fuego medio en una sartén con un poco de aceite.

4. Corta los panes por la mitad y unta ambas caras con mayonesa de chipotle. Sobre las bases de los panes, coloca unas hojas de lollo rojo, las hamburguesas y, encima, un poco de pico de gallo. Cierra las hamburguesas con la parte superior del pan.

5. Calienta las hamburguesas unos segundos en el horno a 200 ºC para que estén calientes a la hora de servir.

SALSAS Y COMPLEMENTOS
MAYONESA DE CHIPOTLE

INGREDIENTES:
• 80 ml de leche de soja
(sin azúcar y sin aromas)
• 130 ml de aceite de girasol
• 1 limón
• 1/2 diente de ajo
• 1/2 chile chipotle
• 1/2 cucharadita de
pimentón dulce
• 1/2 cucharadita de sal

1. Tritura la leche de soja, el aceite de girasol, el ajo, el chile, el pimentón dulce y la sal hasta obtener una salsa bien emulsionada.
2. Exprime el limón y vierte el zumo en la salsa. Emulsiona hasta que la salsa esté cuajada.

MAYONESA VEGANA

INGREDIENTES:
• 80 ml leche de soja (sin
azúcar y sin aromas)
• 130 ml de aceite de girasol
• 1 limón
• 1/2 cucharadita de sal

1. Tritura la leche de soja, el aceite de girasol y la sal hasta obtener una salsa bien emulsionada.
2. Exprime el limón y vierte el zumo en la salsa. Emulsiona hasta que la salsa esté bien cuajada. a fuego bajo. Tritura hasta obtener una salsa lisa y homogénea.
3. Diluye la maicena con dos cucharadas de agua y viértela en el cazo con la salsa. Cocina hasta que haya espesado. Guarda la salsa en un táper y resérvala en la nevera.

SALSA DE QUESO CRUDO

INGREDIENTES:
- 4 tazas de nueces de anacardos crudas
- 230 ml de agua 125 ml de zumo de limón
- 4 cucharadas de levadura de cerveza
- 2 cucharaditas de sal

1. Pon los anacardos en remojo durante 8 horas. Una vez que estén hidratados cuélalos.

2. Tritura todos los ingredientes juntos hasta obtener un queso cremoso. Añade 100 ml de agua para hacer una salsa de queso crudo.

PICO DE GALLO

INGREDIENTES:
- 8 tomates
- 2 cebollas rojas o cebolleta
- 1 limón
- 1 cucharadita rasa de cilantro
- 1 cucharadita rasa de sal

1. Corta los tomates en cuartos y extrae las semillas. Pica la carne del tomate y las cebollas en brunoise (dados o cuadraditos) y pásala a un bol.

2. Pica el cilantro y añádelo al bol con el zumo del limón y sal al gusto. Reserva el pico de gallo en la nevera hasta su uso.

CAVIAR DE BERENJENA

INGREDIENTES:
• 2 berenjenas
• 2 dientes de ajo
• 2 ramas de tomillo fresco
• 4 cucharadas de aceite de oliva virgen extra
• 2 cucharaditas de sal
• 1/2 cucharadita de pimienta
• 1 paquete de tofutti (en dietéticas)

1. Abre por la mitad las berenjenas. Haz unos cortes transversales con la ayuda de una puntilla. Pon dentro de los cortes los dientes de ajo, el tomillo fresco, aceite de oliva, sal y pimienta. Vuelve a cerrarlas con la otra mitad y envuélvelas con papel de plata. Hornéalas 40 minutos a 180 ºC.

2. Quita el papel de plata, extrae la pulpa de la berenjena con la ayuda de la cuchara, mézclala con el tofutti, sal, pimienta y un poco de agua.

SALSA BOLOÑESA

para 4 personas
Tiempo: 20 minutos de preparación y 30 minutos de cocción

INGREDIENTES:
- 1 cebolla
- 2 zanahorias
- 1 rama de apio
- aceite de oliva
- 200 g de tempeh ahumado
- 30 g de soja texturizada
- 150 ml de vino tinto (opcional; alternativa: mosto de uva)
- 40 g de concentrado de tomate
- 300 ml de caldo de verduras
- 300 g de pulpa de tomate
- pimienta negra

1. Pelar las zanahorias y la cebolla, elegir una rama de apio, quitarle las hojas, y cortarlo todo en trocitos.

2. En una olla con tapa, calentar aceite y dorar las verduras durante cinco minutos a fuego vivo. Mientras tanto, desmigar el tempeh en un bol y mezclarlo con la soja texturizada no rehidratada.

3. Cuando las verduras empiecen a dorarse, añadir la mezcla del tempeh y la soja texturizada, mezclarlo todo bien y echarle el vino tinto. Dejar que se cueza a fuego lento durante unos minutos hasta que se evapore el vino.

4. En un bol, diluir el concentrado de tomate con el caldo de verduras y añadirlo al conjunto. Salpimentar y dejar que se cueza a fuego suave, con la tapa puesta, durante media hora.

5. A media cocción, añadir la pulpa de los tomates y una cucharada sopera de aceite de oliva. Mezclarlo bien de nuevo y, si es necesario, rectificar de sal y pimienta.

6. Servir la salsa boloñesa caliente con pasta, como espaguetis o tagliatelle, y espolvorear con unas hojas de albahaca fresca.

Notas del chef. La auténtica salsa boloñesa está a medio camino entre un estofado y una salsa propiamente dicha. En otras palabras, hay que masticarla, porque es bastante espesa, pero a la vez resulta muy aromática. Nada que ver con una simple salsa de tomate mezclada con carne picada.
Esta preparación se puede guardar en la nevera, en un tarro de cristal cerrado herméticamente, durante cinco días.

NUGGETS

Para 20 unidades
Tiempo: 25 minutos de preparación, más 60 minutos de cocción

INGREDIENTES:

• 250 g de garbanzos cocidos
• 10 g de tapioca
• 150 ml de leche de soja natural
• 20 g de mostaza
• 1/4 de nuez moscada
• 7 g de sal fina sin refinar
• 60 g de almendras molidas
• 20 g de levadura de cerveza
• 4 hojas de salvia fresca
• 15 ml de aceite de girasol
• pimienta negra
• 150 g de gluten de trigo
• 60 g de harina de trigo
• 2 g de ajo en polvo
• 50 g de panko o pan rallado japonés
(en grandes superficies)
• semillas de sésamo
(opcional)

1. En un recipiente grande, mezclar los garbanzos, la tapioca, la leche de soja, la mostaza, la nuez moscada rallada y cinco gramos de sal. Con la ayuda de una batidora eléctrica, hacer un puré fluido.

2. Añadir las almendras molidas, la levadura de cerveza, la salvia picada, el aceite de colza y un poco de pimienta negra recién molida. Triturar de nuevo brevemente y añadir el gluten de trigo. Amasar hasta que la masa sea elástica y homogénea.

3. Formar dos «salchichas» ligeramente aplanadas y envolverlas en papel film por separado. Cocer al vapor durante una hora.

4. Una vez terminada la cocción, quitar el papel film, dejar que las «salchichas» se enfríen por completo y cortarlas en rodajas de aproximadamente un centímetro y medio de grosor.

5. En un bol grande, mezclar la harina, el ajo en polvo y dos gramos de sal. Verter cien mililitros de agua tibia y mezclar bien con la ayuda de una varilla hasta obtener una masa líquida. En otro bol grande, echar el panko (pan rallado japonés) y, opcionalmente, las semillas de sésamo.

6. Calentar la freidora a 180 ºC. Pasar los nuggets por la masa y, a continuación, enharinarlos con el panko y, opcionalmente, pasarlos sobre las semillas de sésamo., echar solo unos cuantos nuggets a la vez, para evitar que se toquen, y freírlos exactamente dos minutos.

Notas del chef. Una vez fritos, los nuggets se pueden conservar a temperatura ambiente y recalentarlos a la sartén sin materia grasa, a fuego medio, durante unos minutos por cada lado. También se pueden congelar.

SCHNITZEL VIENESA (ESCALOPA REBOZADA)

Para 4 personas
Tiempo: 25 minutos de preparación y 60 minutos de cocción

INGREDIENTES:

- 100 g de tofu firme
- 1/4 de nuez moscada
- 4 g de ajo en polvo
- 10 g de sal fina sin refinar
- pimienta negra
- 150 ml de vino blanco
- 150 g de gluten de trigo
- 5 g de levadura de cerveza
- 50 g de harina de trigo
- 60 ml de agua tibia
- 40 g de panko
- aceite de colza

1. En un bol grande, desmigar el tofu. Sazonarlo con la nuez moscada rallada, el ajo en polvo, la sal y abundante pimienta negra. Diluirlo en el vino blanco y dejar reposar durante diez minutos.

2. Mezclar el gluten de trigo con la levadura de cerveza; integrarlo a la preparación anterior y amasar hasta obtener una masa muy firme. Es normal que no todo el tofu se integre durante el amasado.

3. Dar forma a la masa de pan alargado y envolverla con papel film. Cocer al vapor durante una hora. Una vez terminada la cocción, quitar el papel film, dejar enfriar a temperatura ambiente y cortar a lo ancho para que salgan cuatro escalopas.

4. En un bol grande, mezclar la harina con un pellizco de sal y sesenta mililitros de agua tibia; remover con una varilla para evitar que se formen grumos.

5. Llenar un plato con panko. Sumergir cada escalopa en la mezcla de harina, sal y agua; a continuación, cubrirlo con el pan rallado.

6. Freír las escalopas en una sartén muy caliente con abundante aceite de colza para que el pan rallado quede bien frito.

7. Servir con una rodaja de limón y guarnición al gusto.

YAKITORI

Para 6 brochetas
Tiempo: 15 minutos de preparación, más 5 minutos de cocción

INGREDIENTES:
- 400 g de tofu ahumado firme
- 10 g de azúcar integral de caña
- 20 ml de salsa de soja tamari
- 20 ml de sake
- 20 ml de mirin
- 5 ml de aceite de girasol

1. Cortar el tofu en veinticuatro cubos del mismo tamaño.

2. En una olla, mezclar el azúcar, el tamari, el sake, el mirin y un pellizco de sal. Llevar a ebullición y dejar que se reduzca durante cinco minutos. Apagar el fuego, añadir el aceite y mezclar bien.

3. Dejar que se enfríe durante unos minutos y, a continuación, añadir los trozos de tofu. Mezclar delicadamente con una espátula para que el tofu se impregne de la salsa por todos los lados.

4. Dejar reposar durante un cuarto de hora.

5. Preparar seis pinchos de bambú para brochetas de unos 20 cm de largo y ensartar 4 trozos de tofu, bien alineados. En una sartén muy caliente con un poco de aceite, tostar las brochetas durante un minuto por cada lado.

6. Desglasar con el resto de la salsa, girando rápidamente las brochetas en el líquido caliente para que no se quemen. Degustar con una ensaladita de col y zanahorias y un bol de arroz largo.

Notas del chef.
Esta receta se puede adaptar al gusto de cada uno. Puedes utilizar cualquier tipo de tofu firme, natural o aromatizado. El sake también se puede sustituir por otro alcohol, como el coñac o calvados.

VEGGIE-MERLUZA A LA VASCA

«Planeta vegano» (www.
planetavegano.com)
Para 4 raciones
Tiempo elaboración:
40 minutos

INGREDIENTES:

• 300 g de veggie-merluza
('Planeta vegano')
• 1 cebolla
• aceite de oliva virgen extra
• 2 tomates
• 100 g de veggie-gambas
• 100 g de guisantes
• 2 cubitos de caldo vegetal
• 1 cucharada de maicena
• sal a gusto
• un puñado de perejil picado

1. Descongelar los filetes de veggie-merluza y dorarlos con un chorrito de aceite de oliva durante unos minutos; reservar.

2. Pelar la cebolla, picarla y rehogarla en una cazuela con dos cucharadas de aceite de oliva durante 5 minutos.

3. Pelar los tomates, picarlos y añadirlos a la olla. Incorporar también los guisantes, las veggie-gambas y seguir la cocción removiendo durante unos minutos más.

4. Añadir un vaso y medio de agua y los 2 cubitos de caldo vegetal. Dejar 5 minutos y agregar la maicena previamente disuelta en agua fría.

5. Cocer durante 15 minutos hasta que se consiga un caldo semi-espeso.

6. Incorporar los filetes de veggie merluza y cocer de 2 a 3 minutos más dentro del caldo. Servir y esparcir el perejil por encima.

ESCALOPAS CON SALSA DE MOSTAZA

Para 4 personas
Tiempo: 25 minutos de preparación, más 60 minutos de cocción

INGREDIENTES:
• 240 g de judías blancas cocidas
• 10 g de sal fina
• 10 g de tapioca
• 2 clavos de olor
• 15 ml de aceite de oliva virgen extra
• 80 ml de leche de soja
• 100 g de gluten de trigo
• 1 chalota
• 60 ml de vino blanco
• 80 cl de nata de soja lactofermentada
• 30 g de mostaza de Dijon
• 20 g de mostaza de Meaux
• perejil picado

1. Triturar las judías blancas en forma de puré , añadir la sal, la tapioca, los clavos molidos, el aceite de oliva, la leche de soja y mezclarlo todo bien para obtener una preparación suave y uniforme. Se puede utilizar una batidora.

2. Integrar el gluten de trigo y amasar hasta obtener una masa bastante flexible.

3. Dar forma de barra de pan rústica a la masa y envolver la con papel film.

4. Cocer al vapor durante una hora.

5. Una vez terminada la cocción, quitar el papel film y dejar que se enfríe antes de cortar la masa en cuatro rodajas alargadas. Dorar las escalopas a la sartén con un poco de materia grasa por cada lado para que se tuesten un poco.

6. Preparar la salsa: picar la chalota y dorarla en una olla a fuego medio. Desglasar con la mitad del vino blanco, dejar que se reduzca y, fuera del fuego, añadir la nata de soja, las dos mostazas y mezclar bien. Añadir el resto de vino blanco y un poco de perejil picado.

Volver a poner la olla a fuego medio un par de minutos antes de servir los escalopes con la salsa por encima.

Notas del chef. Preparar una escalopa vegetal a partir de judías blancas puede parecer una idea descabellada, pero lo cierto es que tiene una textura de lo más agradable. De nuevo, la idea es recrear un pedazo de carne blanca, como un filete de pavo, acompañada de una salsa con mucho carácter.
El sabor de la salsa depende sobre todo de la calidad de las mostazas elegidas. Se puede adaptar la receta al gusto con una mostaza más suave o intensa.

ALBÓNDIGAS DE SEITÁN, ESPINACAS Y SETAS

Para 6 raciones
Tiempo de preparación:
75 minutos

INGREDIENTES
Para las albóndigas
- 250 g de seitán
- 2 dientes de ajo
- 1/2 taza de perejil picado
- 1 cucharada de pimentón ahumado
- 2 cucharadas de harina
- 5 cucharadas de pan rallado
- sal y pimienta
- aceite de oliva virgen extra

Para el guisado
- 2 puerros
- 2 dientes de ajo
- 2 cucharadas de aceite de oliva virgen extra
- 200 g de setas shitake
- 200 g de champiñones
- 1 vaso de vino tinto
- 1/2 litro de caldo vegetal
- 1 manojo de espinacas

1. Con una picadora picamos el seitán y el diente de ajo, en trozos muy pequeños.

2. Lo mezclamos con el resto de los ingredientes indicados hasta conseguir una masa firme. Con las manos ligeramente humedecidas damos forma de bolitas.

3. Doramos las albóndigas de seitán en una sartén con aceite de oliva hasta que tomen color doradito. Reservamos las albóndigas sobre papel de cocina para que absorba el excedente de aceite.

4. Mientras tanto preparamos el guiso de setas y espinacas.

5. Cortar los puerros y los ajos pelados en rodajas muy finas. Sofreír todo en una sartén a fuego bajo con las dos cucharadas de aceite.

6. Cortar las setas y los champiñones en cuartos y añadirlos al sofrito. Incorporar el vino y dejar que reduzca hasta la mitad. Agregar el caldo y cocer a fuego bajo hasta que haya reducido a la mitad.

7. Lavar bien las hojas de espinaca y trocearlas. Añadirlas a la sartén y tapar.

8. Dejar reposar todos los ingredientes en la sartén durante 10 minutos y listo para servir.

TERRINA CON TOFU Y CHAMPIÑONES

Para 1 terrina
Tiempo: 20 minutos,
y 60 minutos de cocción

INGREDIENTES:

• 1 cebolla amarilla
• 1 diente de ajo
• aceite de girasol
• 15 ml de coñac
• 400 g de champiñones
• 500 g de tofu firme
• 10 g de sal atlántica fina sin refinar
• 2 g de pimienta negra
• Đ de nuez moscada
• 10 bayas de enebro
• 4 clavos de olor
• 30 ml de salsa de soja tamari
• 60 g de fécula de maíz

1. Precalentar el horno a 200 ºC.

2. Pelar la cebolla y el ajo, laminarlos y dorarlos en una sartén con un poco de aceite de colza. A continuación, desglasar (ver nota) con el coñac y reservar fuera del fuego.

3. Limpiar los champiñones y picarlos muy finos. En un bol grande, desmigar el bloque de tofu bien escurrido. Añadir la sal, la pimienta, la nuez moscada rallada, las bayas de enebro enteras, los clavos molidos con la ayuda de un mortero y el tamari.

4. En una cazuela, disolver la fécula de maíz con seis cucharadas soperas de agua.

5. Mezclar bien las distintas preparaciones, echarlas en un recipiente para terrinas con tapa, prensando bien, y cocinar al horno, a media altura, durante una hora. Dejar que la terrina se enfríe bien antes de servirla.

Notas del chef. El desglasado consiste en verter un líquido (vino, caldo, nata, etc.) en una sartén o una cazuela aún caliente para recuperar los jugos de la cocción y elaborar así una sabrosa salsa de acompañamiento.

SALCHICHAS A LAS FINAS HIERBAS

Para 6 salchichas
Tiempo de preparación:
20 minutos, más 60 minutos
de cocción

INGREDIENTES:
- 1 diente de ajo
- 2 chalotas
- 15 g de perejil fresco
- 50 cl de caldo de verduras
- 15 cl de vino blanco seco
- 50 g de soja texturizada
- 300 g de gluten de trigo
- 1/4 de nuez moscada
- 2 g de pimienta negra
- 10 g de sal fina sin refinar

1. Pelar el ajo y las chalotas, lavar el perejil y picarlo todo muy fino.

2. En una olla, llevar a ebullición el caldo de verduras, añadir las finas hierbas, el vino blanco y la soja texturizada. Cocer durante diez minutos a fuego medio sin tapar, y luego dejar que se enfríe por completo.

3. En un bol grande, echar el gluten de trigo, la sal, la nuez moscada rallada y la pimienta negra molida. Mezclarlo con la soja texturizada y el caldo de verduras especiado.

4. Amasarlo bien, con las manos o con la ayuda de un robot de cocina, hasta obtener una masa homogénea. Dividirla en seis partes iguales y darles forma de salchichas. Envolverlas con papel film, sellando las puntas con cordel de cocina.

5. Cocer las salchichas al vapor durante una hora. Una vez hechas, quitar el papel film y dorarlas en la sartén con un poco de materia grasa (margarina vegetal o aceite de oliva).

CHORIZO VEGANO

Para 2 chorizos
Tiempo: 30 minutos de
preparación, más cocción:
20 minutos (pimientos) y
60 minutos (chorizo)

INGREDIENTES:

• 4 pimientos rojos
• 30 ml de aceite de oliva
virgen extra
• 1 diente de ajo
• 150 ml de agua fría
• 300 g de gluten de trigo
• 5 g de pimentón de la Vera
picante
• 15 g de pimentón de la
Vera dulce
• 15 g de sal fina sin refinar
• 2 g de tomillo
• 3 g de comino

1. Limpiar con cuidado los pimientos, quitando las semillas y las partes blancas, y cortarlos en trocitos.

2. En una olla, calentar los treinta mililitros de aceite de oliva y, con la tapa puesta, dorar los pimientos con un diente de ajo pelado y aplastado, a fuego medio, durante veinte minutos. Cuando los pimientos estén hechos, triturarlos con el agua fría, hasta obtener un puré fluido. Reservar.

3. En un bol grande, mezclar el gluten de trigo, los dos tipos de pimentón y la sal; añadir el tomillo y el comino molidos con la ayuda de un mortero.

4. Mezclar la preparación seca con el puré de pimientos y amasarlo todo, con las manos o con la ayuda de un robot de cocina, hasta obtener una masa firme y elástica a la vez.

5. Partir la masa y formar dos morcillas gruesas, apretándolas con papel film. Sellar las puntas con cordel de cocina y doblar las morcillas en forma de U.

6. Cocer los dos chorizos crudos al vapor durante una hora. Una vez hechos, retirar el papel film y dejar que se enfríen al aire libre antes de degustarlos.

Notas del chef. En una escala de 1 al 10, esta receta de chorizo llega al 4 de picante. Los amantes de las sensaciones fuertes simplemente pueden invertir las proporciones de pimentón de la Vera dulce y picante.

ALBÓNDIGAS

Para 18 albóndigas
Tiempo: 25 minutos de preparación y 10 minutos de cocción

INGREDIENTES:
- 100 g de copos finos de avena
- 10 g de tapioca
- 5 g de pimentón ahumado
- 5 g de sal fina sin refinar
- 100 g de concentrado de tomate
- 200 g de tofu ahumado firme
- 1 cebolla
- 1 diente de ajo
- 50 g de tomates secos
- 15 g de albahaca fresca
- pimienta negra
- 40 g de harina de trigo
- aceite de oliva virgen extra

1. En un bol grande, mezclar los copos de avena, la tapioca, el pimentón y la sal.

2. Añadir el concentrado de tomate, mezclar y dejar que se hinche.

3. Con una batidora eléctrica, triturar el tofu ahumado, picar la cebolla, machacar el ajo y añadirlo todo a los copos de avena. Hay que lograr una masa bastante compacta.

4. Cortar los tomates secos en trocitos y picar la albahaca. 5. Añadirlo a la masa, condimentar con pimienta negra al gusto y amasar.

5. Formar albóndigas de 30 g con las palmas de las manos y enharinar.

6. Calentar una sartén grande con aceite de oliva abundante y freír las albóndigas a fuego vivo durante diez minutos, girándolas regularmente. Servir con salsa de tomate y una guarnición al gusto (patatas, pasta...).

Notas del chef. Las albóndigas se pueden preparar con cuarenta y ocho horas de antelación y guardarlas a temperatura ambiente tapadas con papel film. Solo habrá que volver a enharinarlas antes de cocerlas.

FILETES RUSOS VEGANOS

Para 4 raciones
Tiempo elaboración:
30 minutos

INGREDIENTES:

• 1 cebolla mediana
• 1 pimiento verde mediano
• aceite de oliva virgen extra
• 180 g de carnita vegetal (la hay de la casa Santiveri)
• 120 g de pan rallado
• 2 diente de ajo picados
• 1 puñado de perejil picado
• 2 patatas medianas
• 1 cucharada sopera de harina de garbanzo
• 50 ml de agua
• pimienta al gusto, sal

1. Cortamos la cebolla y el pimiento verde en cuadraditos pequeños y los pochamos en una sartén con un chorrito de aceite de oliva durante 5-6 minutos.

2. Añadimos la carnita vegetal y dejamos cocer durante 5 minutos más a fuego medio. Condimentamos con sal y pimienta al gusto, reservamos.

3. Pelamos las patatas y las rallamos (todo en crudo)

4. Diluimos la harina de garbanzo en los 50 ml de agua.

5. En un bol ponemos el pan rallado, el ajo, el perejil, las patatas ralladas y la harina de garbanzo disuelta.

6. Incorporamos la carnita y mezclamos bien con las manos.

7. Hacemos los filetes de la forma que más nos guste y los freímos en una sartén con un poco de aceite de oliva. Servimos con hojas de ensalada.

TORTILLA VEGANA DE PATATAS CON CEBOLLA Y CALABACÍN

Tortilla ¡sin huevo!

Para 6 raciones
Tiempo elaboración:
25-30 minutos

INGREDIENTES:

- 3 patatas
- 1 cebolla grande
- 1/2 calabacín
- 4 cucharadas de harina de garbanzo
- 4 cucharadas de almidón de maíz
- 16 cucharadas de agua fría
- sal y aceite de oliva virgen extra

1. Pelar y lavar las patatas y la cebolla. Cortarlas en láminas finas.

2- Poner el aceite de oliva a calentar en una sartén.

3. Echar las patatas con la cebolla. Bajar el fuego, añadir sal y remover de vez en cuando.

4. Cortar el calabacín en tiras cortas y finas. Echar junto a las patatas y cebolla.

5. Cuando esté todo dorado, escurrir con un colador o con un plato con papel absorbente. Reservar.

6. En un bol, batir las harinas con el agua hasta que no queden grumos. Añadir una pizca de sal.

7. Añadir las patatas, cebolla y calabacín al bol y mezclar bien.

8. En la sartén, poner una capa fina de aceite para cubrir la base.

9. Echar la mezcla y repartir por toda la superficie a fuego medio e ir moviendo la sartén para que no se pegue la tortilla.

10. Cuando se perciba que está cuajada, dar la vuelta usando una tapadera o plato y cocer por el otro lado.

11. Se le pueden dar las vueltas que se quiera, hasta que quede dorada por ambos lados.

12. Servir acompañada de una ensalada y/o pan frotado con tomate y aceite de oliva.

SEITÁN CON SANFAINA

Para 2-3 raciones
Tiempo de elaboración:
unos 60 minutos

INGREDIENTES:
• 1 paquete de seitán
cortado a tacos medianos
• 2 cebollas de tamaño
mediano cortadas a
cuadritos
• 4 tomates maduros
rallados
• 3 ajos picados finos
• 2 pimientos rojos
escalibados (asados),
lavados y cortados
• 1 pimiento verde
• 1 calabacín cortado a
medias rodajas

Condimentos:
• hierbas aromáticas secas
al gusto,
• sal marina, aceite de oliva
virgen extra
• perejil fresco.

1. Sofreír las cebollas y los ajos durante 10 minutos con una pizca de sal. Añadir los tomates rallados y las hierbas aromáticas y cocinarlo 25 minutos a fuego medio/bajo.

2. Agregar el pimiento, el seitán, el calabacín y una pizca de sal al gusto. Cocinar 15 minutos y servir caliente, con el perejil crudo y picado por encima.

BROCHETAS DE TEMPEH CON BARBACOA DE TOMATE

Para 6-8 brochetas
Tiempo de preparación:
unos 30 minutos

INGREDIENTES.

Para el tempeh
• 500 g de tempeh
• 1 cucharada de aceite de oliva virgen extra

Para la salsa
• 1 cucharada de aceite de oliva virgen extra
• 2 dientes de ajo
• 1/4 de cucharadita de cominos
• 2 tomates maduros pelados
• 2 cucharadas de vinagre de arroz o de manzana
• 1/4 de cucharadita de azúcar integral de caña
• 2 cucharadas de salsa de soja
• 1 cucharada de humo líquido (opcional)
• 1/2 taza de agua
• 1 cucharadita de almidón de maíz
• aceite de oliva virgen extra

1. Corta los ajos en láminas y dóralos en el aceite junto con los cominos. Añade los tomates y tritúralos con una espátula de madera mientras se hacen.

2. Agrega el vinagre, azúcar moreno y salsa de soja y mézclalo todo bien.

3. Mezcla el almidón con el agua y añádelo a la sartén, removiendo bien para mezclarlo. Añade el humo líquido y deja que espese todo un poco. Apártalo del fuego.

4. Corta el seitán en daditos y ve insertándolo en brochetas pequeñas. Pincélalo con el aceite de oliva y dóralo en una sartén o grill a fuego medio-alto.

5. Vierte por encima la salsa y mueve las brochetas para que se impregnen bien. Retíralo del fuego para que no se queme y sírvelo.

LASAÑA DE TEMPEH CON SALSA CREMOSA DE ANACARDOS

Para 4 personas
Tiempo de preparación: unos 60 minutos (más montaje y horneado)

INGREDIENTES.
Para la salsa de tomate y tempeh:
• 1/2 litro de salsa de tomate tipo puré
• 2 cebollas, finamente picadas
• 6 dientes de ajo picados
• 200 g de tempeh
• 2 cucharadas de salsa de soja tamari
• 1 cucharada de hojas secas de albahaca, picadas
• 1 cucharadita de azúcar
• 1 cucharadita de sal
• pimienta negra recién molida al gusto

Para la crema de anacardos:
• 3 cucharadas de margarina bio
• 4 cucharadas soperas de harina de trigo integral
• 3 cucharadas grandes de nueces de anacardo y 100 cc leche de avena

1. Picamos finamente el tempeh. Luego se calienta una cucharada de aceite de oliva en una sartén, y se fríe unos 7 minutos, hasta que se dore y tome tonos marrones. Entonces le añadimos el tamari y se fríe unos minutos más, hasta que el líquido se evapore.

2. Quitamos el tempeh de la sartén, añadir un poco más de aceite, y freír las cebollas hasta que transparenten.

3. Le añadimos la albahaca seca, freír unos segundos y añadir a la sartén el resto de ingredientes.

4. Se deja hervir la salsa a fuego lento unos 20 minutos, mientras preparamos la crema de anacardos.

5. Echar en una sartén pequeña los anacardos con 100 cc de leche de avena y la margarina para crear una crema espesa, a fuego medio. Cuando comience a burbujear se añade la harina de trigo, batiendo todo el tiempo. Freír unos pocos minutos.

6. Añadir poco a poco el resto de la leche de avena, batiendo suavemente a medida que la vamos incorporando.

7. Subir un poco el fuego a medio-alto, sin cesar de remover todo el tiempo. Una vez que espese añadir la levadura y calentar unos minutos más. La salsa será bastante espesa; añadir la sal, la pimienta verde y el jugo de limón.

Para el montaje podéis utilizar las placas de pasta que prefiráis, hay unas con espinaca que están muy bien.

- 900 cc de leche de avena
- 8 cucharadas soperas de levadura de remolacha (o de cerveza) en copos
- 1 cucharadita de pimienta verde, molida
- 1 y 1/2 cucharadas de jugo de limón
- 1 cucharadita de sal, al gusto

8. Untamos la sartén con aceite de oliva y extendemos una capa delgada de salsa de tomate sobre el fondo. Cubrir la salsa con 4 hojas de lasaña, y extender un poco de salsa de tomate más sobre la pasta.

9. Ahora se añade más o menos una quinta parte de la salsa de anacardos sobre la capa de tomate. Luego se agregan sucesivamente tres capas más de pasta cubierta con las dos salsas.

10. Reservar un poco de salsa de anacardos para la última capa, y extenderla uniformemente a lo largo de la lasaña en su conjunto.

11. Terminaremos con 4 capas de pasta, una capa de salsa de tomate, tempeh debajo, y una capa de la salsa cremosa de anacardo por encima.

12. Poner la lasaña al horno, a 200 ºC durante unos 30 minutos, hasta que la salsa blanca se dore bien, y dejar que se enfríe unos 10 minutos antes de servir.

CHAMPIÑONES RELLENOS

**Para 4 personas
Tiempo de elaboración:
unos 30 minutos**

INGREDIENTES:
• 8 champiñones grandes
(como los tipo «Portobello»)
• 100 ml de aceite de oliva
virgen extra
• 3 rebanadas de pan de
molde integral
• 250 g de tomates cherry
• 1 manojo de perejil
• 2 dientes de ajo
• 2 cucharadas de avellanas
molidas
• 1 cucharadita y un poco de
• zumo de 1 limón ecológico
• sal y pimienta negra
• 1 pizca de azúcar

1. Lave los champiñones con cuidado y séquelos. Retire los tallos de los champiñones y píquelos. Caliente 1 cucharada de aceite en una sartén y sofría en él los tallos.

2. Tueste el pan integral y córtelo en dados pequeños. Lave los tomates, séquelos y corte la pulpa también en dados finos.

3. Precaliente el horno a 160 ºC (140 ºC con ventilador). Lave y seque el perejil. Pele el ajo. Triture el perejil, el ajo, las avellanas molidas, la ralladura de limón y el resto del aceite de oliva hasta formar un pesto.

4. Mezcle bien los dados de pan tostado, los tallos de champiñón sofritos y el tomate con la mitad del pesto. Condimente con sal, pimienta, azúcar y zumo de limón.

5. Rellene los champiñones con la mezcla y hornéelos entre 5 y 8 minutos en el horno precalentado. Sirva los champiñones con el pesto restante.

PIZZAS, TARTAS Y QUICHES

PASTEL DE ESPINACAS

Para 2 personas

Tiempo preparación: unos 25 minutos, más tiempo de fermentación y de horneado

INGREDIENTES.

Para la masa:
• 2 tazas de harina Integral
• 100 g de margarina vegetal
• 1 cucharadita de polvo de hornear
• 1 pizca de sal

Para el relleno:
• 3 tazas de espinacas cocidas
• 1/2 cebolla picada
• 1/2 zanahoria
• 1/2 pimiento
• 2 dientes de ajo picados
• 1/4 de taza de leche de soja
• sal y pimienta

1. Mezclar la harina integral, la margarina, los polvos de hornear y un poco de sal, hasta obtener una masa homogénea.

2. Dividir la masa en dos, para hacer la base y la tapa de la tarta. Dejar reposar la masa unos 20 a 30 minutos.

3. En un recipiente para tartas (que debe estar levemente aceitado), dejar una de las masas para hacer la base.

4. Poner una sartén al fuego con aceite de oliva y sofreír el ajo, la zanahoria y la cebolla, después agregar la espinaca, el pimiento, una pizca de sal y pimienta. Una vez todo mezclado agregar la leche y remover muy bien.

5. Pasar el relleno al recipiente para tartas con la base de masa lista.

6. Tomar la segunda masa y montar una tapa para la tarta. Introducir en el horno previamente precalentado a 200 ºC, unos 20 minutos.

PIZZA 'OH SOLE MIO'

Para 4 personas
Tiempo de elaboración:
unos 60 minutos

INGREDIENTES.

Para la masa:
• 500 g de harina tipo 550
• 1 dado de levadura fresca
• 1 cucharadita de azúcar
• 1/2 cucharadita de sal
• 2 cucharadas de aceite de
oliva virgen extra
• aceite para la bandeja

Para el relleno:
• 4 cebollas
• 4 dientes de ajo
• 120 g de aceitunas sin
hueso
• 400 g de tomates
• 1 manojo de albahaca
• 300 g de tomate triturado
• 2 cucharadas de orégano
seco
• 50 ml de aceite de oliva
virgen extra

1. Para elaborar la masa, caliente 300 ml de agua . Mezcle 100-150 g de harina con la levadura desmenuzada, el jarabe de arce y 100 ml de agua, hasta obtener una masa consistente. Cúbrala y déjela reposar 15 y 30 minutos.
2. Agregue la harina restante, la sal y el aceite, y amase todo con otros 200 ml de agua tibia, hasta obtener una masa elástica. En caso necesario, añada más harina o agua si la masa queda muy líquida o muy compacta. Cúbrala y déjela reposar entre 50 y 60 minutos.
3. Mientras tanto, pele las cebollas y los ajos. Córtelos en aros y en láminas. Corte las aceitunas por la mitad y los tomates en rodajas finas. Lave la albahaca, séquela y arránquele las hojas.
4. Amase de nuevo la masa de levadura y extiéndala sobre papel vegetal. Introduzca la masa con el papel en el horno. Pínchela varias veces con un tenedor. Mezcle el tomate triturado con el orégano y úntelo sobre la masa.
5. Precaliente el horno a 200 ºC arriba y abajo (180 ºC con ventilador). Reparta la cebolla, el ajo y las aceitunas de forma uniforme sobre la masa. Disponga las rodajas de tomate y rocíe todo con aceite de oliva. Hornee la pizza a altura media unos 20 minutos. Sáquela del horno y esparza las hojas de albahaca.

VEGGIE PIZZA CON CEBOLLA ROJA Y RÚCULA

Para 4 -6 raciones
Tiempo preparación:
25 minutos más tiempo de
fermentado de la masa

INGREDIENTES.
Para la masa
• 180 g de harina integral
o semi integral
• 15 g de levadura fresca
• 100 ml de agua tibia
• 2 cucharadas de aceite
de oliva extra virgen
• 2 cucharaditas cucharada
de sal marina

Para la cubierta
• 1 cebolla roja
• 2 cucharadas de aceite
de oliva
• sal marina
• 180-200 g de mozarella
vegana en lonchas
• un buen puñado de rúcula
fresca
• 5 aceitunas negras
• pimienta negra de molinillo

1. Primero preparar la masa. Poner la levadura en un bol junto con una cucharada de harina y un cuarto de vaso de agua tibia; mezclar y dejar reposar hasta que en la superficie se forme una espuma.

2. En un bol grande echar el resto de la harina, la sal, la levadura disuelta y el aceite de oliva. Comenzar a mezclar midiendo la textura de la pasta, hay que ir añadiendo el agua tibia de a poco como para ir formando una masa blanda pero que no se pegue a las manos.

3. Cuando se pueda manipular, pasar a la mesa de trabajo previamente enharinada y comenzar a amasar durante unos 10 minutos. Formar una bola, cubrirla con un trapo de cocina limpio y seco, y dejar que aumente su volumen.

4. Mientras tanto pelar la cebolla y cortarlas en rodajas finas. Sofreírlas en una sartén con el aceite, salar y saltear cada tanto durante 5 minutos. Retirar y reservar.

5. Calentar el horno a temperatura máxima.

6. Enharinar la superficie de trabajo y extender la masa con un rodillo hasta tener un disco de unos 28 cm de diámetro.

7. Cuando el horno esté bien caliente, colocar la masa sobre la placa del horno y cocer durante unos 5 minutos. Retirarla y colocar la mozzarella sobre la superficie que está más cocida.

8. Volver al horno hasta que el queso vegano se funda. Retirar y cubrir con la cebolla cocida y la rúcula fresca. Esparcir por encima las aceitunas y la pimienta y servir de inmediato.

PIZZA CALZONE CON ESPINACAS

Para 4 raciones
Tiempo de elaboración: unos 30 minutos, más 25 minutos de horneado y 90 de reposo

INGREDIENTES.

Para la masa:
- 300 g de harina tipo 550
- 1/2 dado de levadura fresca
- 1 cucharadita de azúcar
- 1/2 cucharadita de sal
- 2 cucharadas de aceite de oliva virgen extra

Para el relleno:
- 300 g de espinacas frescas (o bien congeladas)
- 300 g de champiñones
- 2 cebollas
- 4 dientes de ajo
- 200 g de mozzarella vegana
- sal y pimienta

1. Para elaborar la masa, caliente 180 ml de agua. Mezcle 60-80 g de harina con la levadura desmenuzada, el azúcar y unos 80 ml de agua, hasta obtener una masa consistente. Cúbrala y déjela reposar entre 15 y 30 minutos.

2. A continuación, agregue la harina restante, la sal y el aceite, y amase todo con el resto del agua tibia, hasta obtener una masa elástica. En caso necesario, añada más harina o agua si la masa queda muy líquida o muy compacta. Cúbrala y déjela reposar entre 50 y 60 minutos.

3. Mientras tanto, para preparar el relleno, limpie las espinacas, lávelas e introdúzcalas en agua con sal hirviendo 30 minutos. Retírelas, déjelas escurrir, prénselas ligeramente y píquelas gruesas. Limpie los champiñones y lamínelos. Pele las cebollas y los ajos y córtelos en aros y en láminas. Corte la mozzarella en dados. Mezcle todo y salpimiente la mezcla al gusto.

4. Precaliente el horno a 200 ºC arriba y abajo (180 ºC con ventilador). Amase de nuevo la masa de levadura y divídala en cuatro porciones iguales. Extienda las porciones sobre una superficie enharinada en círculos de entre 15 y 20 cm de diámetro.

5. Reparta el relleno en el centro de los círculos y deje algo de margen. Cierre los círculos por la mitad y presione bien los bordes con un tenedor. Hornee los calzone unos 25 minutos.

QUICHE DE TOMATES ASADOS, ESPÁRRAGOS Y CEBOLLA CARAMELIZADA

Para 6 raciones
Tiempo elaboración:
60 minutos

INGREDIENTES.
Para el aceite de hierbas:
• 1/2 taza de aceite de oliva
• 6 hojas de albahaca
• 3 hojas de salvia

Masa para la quiche:
• 250 g de harina
• 2 cucharadas de agua
• 1 cucharadita de sal
• 1/4 cucharadita de nuez moscada
• 130 g de margarina vegana

Para el relleno:
• 10 tomates de rama
• 6 espárragos
• 2 cebollas
• 2 cucharaditas de azúcar moreno
• 2 cucharadas de aceite de oliva
• 1 cucharada de pan rallado
• 1 cucharada de sal
• 1 cucharada de pimiento

1. Para hacer el aceite de hierbas, poner todos los ingredientes en el vaso de un minipimer y triturar hasta que no queden grumos. Reservar.

2. Para hacer la masa de la quiche, mezclar todos los ingredientes en un bol hasta obtener una masa homogénea. Luego estirarla y ponerla en un molde de quiche. Pinchar el fondo de la masa para que no suba.

3. Hornear a 180ºC hasta que la masa esté un poco dorada. Retirar y reservar.

4. Cortamos los tomates en forma de luna consiguiendo cuatro trozos. Los ponemos con las semillas mirando arriba en una fuente para hornear, añadimos el aceite de hierbas por encima y salpimentamos.

5. Horneamos a 180ºC durante 30 minutos.

6. Cortamos la cebolla en dados pequeños.

7. Poner una sartén a calentar con el aceite de oliva y rehogar la cebolla hasta que empiece a estar dorada.

8. Añadimos el azúcar moreno y dos cucharaditas de agua. Tapar y cocinar a fuego bajo durante un par de minutos o hasta que haya caramelizado.

9. Cortamos los espárragos en rodajas.

10. Para hacer la bechamel: poner a hervir la leche de soja, la nuez moscada y un poco de sal y pimienta. Una vez haya hervido diluir la maicena en un poco de agua e incorporarla al cazo; remover hasta que espese.

Para la salsa bechamel:
- 1/2 litro de leche de soja
- 1/4 cucharadita de nuez moscada
- sal y pimienta
- 40 g de almidón de maíz (tipo maicena)

11. Mezclamos la bechamel con ¼ de los tomates asados, los espárragos y la cebolla caramelizada. Vertemos la mezcla sobre la masa ya cocida y esparcimos por encima el pan rallado y el resto de tomates.

12. Horneamos durante 10 minutos a 200 ºC o hasta que la parte superior esté dorada.

TARTA DE BERENJENA ASADA

8-10 raciones

INGREDIENTES:
• 500 g de berenjenas baby,
cortadas por la mitad
• 50 ml de aceite de oliva
virgen extra
• 3 dientes de ajo
machacados
• pelín de tabasco
• 75 g de tomates cherry
• 50 g de aceitunas negras
sin hueso
• puñado de albahaca fresca
• harina de garbanzos
(para sustituir 4 huevos;
ver pág. 276)
• 200 ml de crema de soja
• 50 g de queso parmesano
vegano fresco recién rallado
• base de hojaldre
• sal y pimienta negra recién
molida.

1. Untar generosamente con aceite de oliva las mitades de berenjena, el ajo machacado y el tabasco. Sazonar con sal y pimienta.

2. Colocar en una parrilla muy caliente durante 10 minutos, dando vueltas al menos una vez hasta que el lado del corte tome un tono dorado oscuro y la piel de la berenjena se vea ligeramente chamuscada.

3. Precalentar el horno a 200 °C. Colocar la masa en una bandeja de tarta, pinchar con un tenedor y hornear durante 15 minutos hasta que se vea crujiente, pero todavía pálida.

4. Colocamos las mitades de berenjenas baby a lo largo de la base de repostería, con el corte hacia arriba. Rellenar los huecos con los tomates cherry, aceitunas y albahaca.

5. Mezclar la harina de garbanzos, la crema y el queso parmesano y aliñar.

6. Verter todo, procurando dejar la mayor cantidad posible de vegetales que sobresalgan.

7. Hornear durante unos 20-25 minutos (hasta que esté firme pero húmeda todavía).

COCINA VEGANA
DE TODO EL MUNDO

GYOZAS MEDITERRÁNEAS (JAPÓN - TURQUÍA)

**Para 50 empanadillas
pequeñas o 25 medianas
Tiempo de elaboración:
unos 60 minutos, más reposo**

INGREDIENTES:

• 2 tazas de harina de trigo
• 1/2 de cucharadita de sal
• 130 ml de agua
• 1/2 taza (más o menos)
de almidón de maíz, de
tapioca o de patata
• 1/2 taza de soja
texturizada fina
• 1/2 taza de espinacas
frescas picadas muy finas
• 1/2 taza de lombarda
picada muy fina
• 1/2 taza de calabacín
picado muy fino
• 3 pimientos de padrón
asados, picados muy finos
• 1 diente de ajo picado fino
• 2 cucharadas de tomate
frito o salsa de tomate
casera
• 2 cucharadas de salsa
de soja
• 1 cucharadita de perejil
fresco picado, 1/4 de
cucharadita de tomillo, 1/4
de cucharadita de orégano
• 1/8 de cucharadita de
canela molida
• una pizca de pimienta negra
• 1/4 taza de agua

1. Para las obleas. Mezcla la harina con la sal. Añade el agua y remuévelo muy bien.

2. Amásalo a mano hasta formar una bola. Tápalo con un paño húmedo y déjalo reposar al menos media hora en un lugar fresco y seco.

3. Amasa la masa otros 5-6 minutos, hasta que la textura sea suave. Puedes añadir un poquito más de harina si fuese necesario.

4. Espolvorea la superficie de trabajo y un rodillo con almidón y estira la masa hasta que quede fina (2-3 mm). Espolvorea con un poco más de almidón por encima.

5. Corta círculos de masa con un cortapastas o un aro de emplatar de unos 8 cm de diámetro. Espolvorea cada oblea con almidón y ve apilándolas

6. Amasa de nuevo la masa que sobre y sigue cortando obleas. Tápalas con film transparente hasta que las vayas a usar.

6. Para el relleno y montaje. Mezcla todos los ingredientes del relleno, alisa la superficie, tápalo y déjalo reposar en la nevera al menos 1 hora.

7. Monta las empanadillas poniendo en el centro un poco menos de 1 cucharada de relleno. Moja los bordes interiores con el dedo (con agua) para cerrarlas bien.

8. Calienta en una sartén grande ½ cucharada de aceite de oliva a fuego medio y extiéndela por todo el fondo con un trocito de papel de cocina doblado.

9. Coloca todas las empanadillas que quepan formando una espiral. Deja que se doren 2-3 minutos, agrega ¼ de taza de agua y tápalo. Se harán con el vapor del agua en 8-10 minutos.

FALAFEL DE ORIENTE MEDIO

Para unas 35-40 unidades
Tiempo de elaboración:
unos 40 minutos, más 6
horas de remojo

INGREDIENTES:

• 1 taza de garbanzos secos
• 1/2 cebolla dulce grande
• 3 dientes de ajo
• 1 taza de cilantro fresco
(sin tallos)
• 1 taza de perejil fresco
(sin tallos)
• 1 cucharadita de sal
• 1/4 de cucharadita de
comino en polvo
• 1/4 de cucharadita de
cominos enteros
• 1/4 de cucharadita
de semillas de cilantro
machacadas
• una pizca de pimienta
negra molida
• 1/4 de cucharadita de
bicarbonato
• aceite de oliva, de maíz o
de girasol para freír

1. Lava los garbanzos y ponlos en remojo con abundante agua durante al menos 6 horas.

2. Escurre muy bien los garbanzos y ponlos en la batidora con el resto de ingredientes (excepto el aceite). Bátelo todo junto hasta que no queden trozos grandes de garbanzos.

3. Calienta abundante aceite a fuego medio-alto (170 ºC). Forma falafels con un molde o tomando porciones del tamaño de una nuez y aplastándolas un poquito con las manos.

4. Mete todos los que quepan en el aceite y fríelos hasta que estén dorados y crujientes por fuera, dándoles la vuelta de vez en cuando. Sácalos a un plato con papel de cocina absorbente.

5. Para hacerlos al horno: Precalienta el horno a 200 ºC con calor arriba y abajo. Ve dejando los falafel que formes sobre una bandeja de horno con papel para hornear, dejando un pequeño espacio entre ellos. Puedes poner un poco de aceite con un atomizador.

6. Hornéalos 10 minutos, dales la vuelta y hazlos 5 minutos más o hasta que veas que se doren. Sírvelos calientes.

SOPA CURRY DE COLIFLOR (ISRAEL)

Para 4 personas
Tiempo de elaboración: unos 45 minutos

INGREDIENTES:

• 2 cucharadas de aceite de oliva virgen
• 1 y 1/2 taza de cebolla picadita
• 1 cucharada de chile fresco, sin semillas (sabor picante, pero suave)
• 1 cucharada de raíz de jengibre rallado y fresco
• 1 cucharadita de cúrcuma
• 1 cucharadita de cilantro
• 1/2 cucharadita de canela en polvo
• 2 tazas de patatas cortadas a cubos
• 4 tazas de coliflor (media cabeza)
• 4 tazas de caldo de verduras o agua
• 1 cucharadita de sal
• 1/4 de taza de arroz basmati
• 1 cucharada de jugo de limón fresco
• 1 cucharadita de azúcar integral
• 2-3 cucharadas de cilantro fresco
• sal y pimienta negra al gusto

1. Calentamos en una olla el aceite a fuego bajo. Agregamos la cebolla, los chiles y el jengibre y espolvorear un poco de sal.

2. Tapar y cocinar, revolviendo ocasionalmente, durante unos 10 minutos, hasta que la cebolla esté transparente.

3. Añadimos la cúrcuma, el comino, el cilantro y la canela y cocinamos 1-2 minutos, revolviendo constantemente para evitar que las especias se quemen.

4. Agregar el caldo de las patatas, la coliflor, el agua o caldo vegetal y la sal. Lo cubrimos y se lleva a hervir.

5. Mientras, lavar el arroz. Cuando el agua hierva, añadimos el arroz, tapamos la olla y cocinamos a fuego lento hasta que las verduras y el arroz estén tiernos, unos 15 minutos (otra opción es cocinar el arroz aparte y añadirlo).

6. En una licuadora, hacemos un puré con alrededor de 2 tazas de la sopa y la devolvemos a la olla.

7. Agregar el jugo de limón, el azúcar y el cilantro. Añadir también sal y pimienta al gusto.

ROLLITOS DE COL CHINA CON AVENA Y FRUTOS

Para unas 10-12 unidades
Elaboración: 30 minutos

INGREDIENTES:
- 10-12 hojas de col china
- una pizca de sal
- 2 cucharadas de aceite de oliva virgen extra
- 2 cucharadas de pipas de girasol crudas y peladas
- 2 cucharadas de almendras laminadas crudas
- 3 cucharadas de nueces peladas y picadas
- 1 cucharadita de semillas de sésamo
- 1 taza de avena en copos
- 2 tazas de agua
- 1/4 de pastilla de caldo de verduras
- 1 cucharada de salsa de soja

Notas del chef.
Puedes hacer estos rollitos con hojas de parra o de acelgas. Puedes añadir otras semillas al relleno (de amapola, de nigella, etc.).

1. Pon a hervir abundante agua en una cacerola grande u olla con un poco de sal.

2. Separa y lava las hojas de col china y descarta las pencas duras.

3. Cuando el agua entre en ebullición fuerte sumerge las hojas de col china empezando por el tallo y deja que hiervan 1 minuto.

4. Sácalas y ponlas en un bol con agua muy fría. En una cacerola mediana antiadherente calienta el aceite a fuego medio.

5. Tuesta un par de minutos los frutos secos y agrega la avena y salsa de soja. Mézclalo bien.

6. Añade el caldo de verduras y el agua. Cuando empiece a hervir baja un poco el fuego y remuévelo bien hasta que se forme una masa densa (serán 3-4 minutos). Apártalo del fuego y deja que se temple. Puedes probarlo y añadir una pizca más de sal si lo ves conveniente.

7. Pon aproximadamente 2 cucharadas del relleno de avena en el extremo del tallo de cada hoja de col y enróllalas, doblando los laterales hacia dentro para que no se salga el relleno.

8. Para cerrar los rollitos blanquearemos unos tallos verdes de cebolla de primavera 45 segundos en agua hirviendo y después los pasamos a un bol con agua muy fría. De esta manera quedan elásticos y permiten atarlos y anudarlos. Sírvelos templados o calientes. Se pueden calentar al vapor.

Esta receta es una variante de la receta tradicional china.

PATACONES AL ESTILO ECUATORIANO (ECUADOR)

Para 4 personas
Tiempo de elaboración: unos 30 minutos

INGREDIENTES:

• 4 plátanos verdes
• 2 tazas de aceite, sal

1. Pelar los plátanos verdes y partirlos en pedazos de 3 o 4 cm (generalmente salen 5 o 6 pedazos de cada verde

2. Poner a calentar el aceite, poner los pedazos y freírlos hasta que queden dorados y suaves.

3. Sacar dejar reposar unos segundos, aplastarlos y volverlos a freír hasta que queden crujientes.

4. Añadir sal y servir con guacamole, o con unas lonchas de queso vegano.

KALA JEERA, ARROZ HINDÚ

Para 4-5 raciones
Tiempo elaboración:
25-30 minutos

INGREDIENTES:
• 2 medidas de arroz basmati
• 1 cucharadita de comino real (comino negro)
• 2 clavos de olor
• 2 ramas de canela
• 3 granos de cardamomo
• 2 hojas de laurel
• aceite de oliva virgen extra
• 1/2 cebolla picada
• 3 medidas de agua
• 1 cucharadita de sal

1. Lavar el arroz en agua fresca, y dejar cubierto de agua durante 10 o 15 minutos.

2. Calentar un chorrito de aceite, añadir el comino real y el resto de especias y freír durante unos segundos, removiendo para que no se queme. Añadir la cebolla y sofreírla hasta que esté transparente.

3. Verter el agua y la sal y cuando empiece a hervir añadir el arroz escurrido, mezclarlo bien y remover de vez en cuando.

4. Una vez haya absorbido el agua cubrir la cazuela con papel de hornear, encima colocamos su propia tapa y dejamos a fuego muy lento unos 6 o 7 minutos.

5. Dejar reposar durante dos minutos y remover con un tenedor. Servir.

SAMOSAS, PAKORA Y BHAJIS (INDIA)

Para 2 personas
Tiempo de elaboración: variable

INGREDIENTES.

Para las pakoras:
• 225 g de harina
• 1/2 cucharadita de canela molida
• 700 g de coliflor
• 1/2 cucharadita de pimienta negra
• 30 ml de agua fría
• 2 cucharaditas de comino molido
• aceite de oliva virgen extra
• 2 cucharaditas de sal

Para las samosas:
• 1 cebolla
• 1 zanahoria
• 100 g de guisantes
• 1 patata grande
• 2 cucharadas de pasas
• 250 ml de caldo de verduras
• 1/2 cucharadita de comino
• 1 cucharadita de garam masala
• 1/2 cucharadita de jengibre
• 1 cucharadita de sal
• pimienta negra
• 1/2 cucharadita de curry

Para las pakoras:

1. Cortar la coliflor respetando los arbolitos.

2. Poner en un bol la harina, la pimienta, la sal, la canela y el comino, y mezclar bien. Añadir poco a poco el agua, que tiene que estar fría, y mezclar hasta obtener una masa espesa.

3. A continuación echar abundante aceite de oliva en una sartén, a fuego medio. Mientras se calienta, rebozar los trozos de coliflor con la mezcla que hemos conseguido y después freír, hasta que estén dorados por todos lados.

4. Retirar del aceite y dejar sobre papel de cocina, para que se absorba el aceite sobrante. Servir inmediatamente.

Para las samosas:

1. Picar la cebolla y la zanahoria y rehogar durante 10 minutos en una olla con un buen chorro de aceite de oliva.

2. Mientras, cortar la patata en dados muy pequeños.

3. A continuación, echar los guisantes, las patatas, las pasas y las especias y rehogar 5 minutos más.

4. Añadir el caldo de verdura y cocinar tapado hasta que la patata se ablande (unos 20-25 minutos) hasta que se haya consumido todo el caldo. Reservar y dejar templar.

5. Precalentar el horno a 180ºC.

6. Para formar los triangulitos, colocar una cucharada de la mezcla cada vez sobre un rectángulo de masa brick y doblar para dar la forma triangular..

• 1 paquete de masa brick
(8 hojas)
• 2 cucharaditas de harina
de garbanzos + 2 cucharadas
de agua

Para los bhajis:
• 3 cebollas, picadas
en juliana fina
• 100 g de gram
(harina de lentejas)
• 1/4 de cucharadita de
bicarbonato (o levadura
royal)
• 1/2 cucharada de cúrcuma
• 1 chile picado fino
• 1 cucharada de hojas de
cilantro fresco picadas
• 1/2 cucharadita de sal
• 4-5 cucharadas de agua
• aceite de girasol

7. Para que la masa se adhiera bien, pintar el rectángulo con la mezcla de harina de garbanzos y el agua. Antes de cerrar la samosa, pintar el extremo que servirá para sellarla. Hacer esta operación hasta acabar con la mezcla de verduras.

8. Meter las samosas en el horno a 200 ºC y hornear unos 20 minutos o hasta que están doraditas.

Para los bhajis:

1. Prepara una pasta espesa con todos los ingredientes, menos la cebolla, la cantidad de agua es aproximada. Debe quedar una masa ligera que caiga de la cuchara. Dejar reposar unos minutos.

2. Añadir la cebolla picada en juliana. Remover bien y freír cucharadas de masa en aceite bien caliente, mejor en un wok profundo a unos 180 ºC aprox. Dejar dorar durante 3-4 minutos y servir al momento, previamente escurridos sobre papel de cocina.

GOBI ALOO. COLIFLOR Y PATATAS AL CURRY (INDIA)

Para 2 personas

INGREDIENTES:

• 250 g de patata
• 250 g de coliflor
• 200 g de cebolla
• 300 g de tomate
• 30 g de pasta de ajo y jengibre
• sal y 30 g de pimentón rojo
• 20 g de cúrcuma
• 20 g de comino en polvo
• 20 g de coriandro en polvo
• rodajas de tomate (para decorar)
• semillas de comino para decorar (para decorar)

1. Pelar y lavar las patatas. Poner una sartén al fuego con aceite de oliva y confitar la patata y la coliflor durante 20 minutos a temperatura media-baja. Retirar de la sartén con ayuda de una espumadera escurriendo bien el exceso de aceite.

2. Pelar y picar la cebolla finamente en juliana. Lavar y cortar el tomate a rodajas y reservar.

3. Poner otra sartén al fuego con aceite de oliva y pochar un poco la cebolla picada. Cuando empiece a ablandarse, incorporar la pasta de ajo y jengibre y, finalmente, el pimentón rojo, la cúrcuma, el comino y el coriandro en polvo. Dejar cocinar unos minutos.

4. Añadir las patatas y la coliflor confitadas. Mezclar todos los ingredientes y retirar de la sartén.

5. Terminar poniendo los gajos de tomate en crudo y unas semillas de comino.

CURRY VERDE DE VERDURAS

Para 4 personas
Tiempo preparación:
40 minutos

INGREDIENTES:

• 2 cebollas tiernas
• 2 zanahorias
• 200 g de flores de brócoli
• 150 g de calabaza
• 150 g de brotes de bambú
• 4 piezas de maíz baby
• 3 dientes de ajo
• 100 g de brotes de soja
• 3 tomates medianos (o
bien) 1 berenjena thai mini
• 100 g de judía fina
• 200 g de piña
• 200 g de tofu duro o de
tempeh
• aceite de oliva virgen
• 2 cucharadas de pasta de
curry verde thai
• 700/800 g de leche de
coco
• 4 hojas de lima kafir
• 3 cucharadas de salsa de
soja
• 2 cucharadas de miel
• 8 hojas de albahaca thai
(puedes reemplazarla por
albahaca común)
• sal marina

1. Pelar y cortar en forma irregular toda la verdura y la piña. Cortar el tofu o el tempeh en cuadrados.

2. En una olla calentar una cucharada de aceite e incorporar la pasta de curry, cocinar un minuto sin dejar de remover. Incorporar poco a poco la leche de coco, luego añadir las hojas de lima, la salsa de soja y la miel.

3. Cocinar unos minutos hasta que levante el hervor.

4. Incorporar las verduras, comenzando por las que necesitan más cocción: cebolla, zanahoria, calabaza, ajo.

5. Al cabo de unos minutos incorporar la piña, tofu o tempeh, berenjena, brotes de bambú, brócoli, maíz y por último la judía y hojas de albahaca thai. Reservar algunas hojas para terminar los platos.

6. Rectificar el punto de sal. Cocinar unos minutos más hasta que las verduras estén hechas. Retirar y servir.

PLATILLOS MEXICANOS

Para 2 personas

INGREDIENTES:
**Para el guacamole
(ver receta en pág. 80)**

**Para la salsa roja picante
mexicana**
• 6 tomates pera
• 2 chiles jalapeños
• 1/2 taza de cilantro fresco
• 2 dientes de ajo y sal

**Para la salsa de queso
veggie:**
• 1/2 taza de margarina
vegana bio no hidrogenada
• 3 tazas de queso vegano
rallado
• 1 taza de nata de soja
o de avena
• 1 chile verde

Para la salsa roja picante mexicana

1. Lavar los tomates y cortar en cuartos. Ponerlos a hervir con un chorrito de agua, los dos dientes de ajo (sin pelar), los jalapeños y una pizca de sal. Dejar hervir todo durante 5 minutos y retirar del fuego.
2. Pelar los ajos y moler todo junto. Después colar para retirar la piel del tomate y de los jalapeños.
3. Finalmente agregar el cilantro bien picadito y rectificar de sal.

Para la salsa de queso veggie

1. En una sartén mediana calentar la mantequilla a fuego lento para que se derrita. Poner a fuego medio y agregar el queso rallado hasta que se funda. Mezclar bien con una cuchara de madera.
2. En un recipiente aparte combinar la crema agria con el chile verde picado y verter en el cazo.
3. Remover hasta que todo se haya integrado. Retirar del fuego y dejar que se enfríe un poco.

4 raciones

INGREDIENTES:
Para los frijoles
- 500 g de frijoles rojos
- 1 cebolla grande
- 2 chiles serranos
- 6 dientes de ajo
- 1 tomate grande
- 1 hoja seca de laurel
- agua, sal y aceite de oliva virgen extra

Para los frijoles

1. Enjuagar bien bajo el grifo los frijoles.

2. Coger una cacerola y meter dentro los frijoles. Cubrirlos con abundante agua. Dejar toda la noche en remojo.

3. Tirar toda el agua y añadir agua limpia hasta cubrir los frijoles.

4. Poner la olla al fuego y añadir media cebolla, los chiles serranos, cuatro dientes de ajo pelados y la hoja de laurel. Añadir agua para cubrir las verduras y dejar a fuego medio bajo durante 2 horas.

5. Remover de vez en cuando con cuidado de que no se queme y vigilar que en todo momento quede un dedo de agua por encima de los frijoles.

6. Cuando lleve dos horas sacar la cebolla, la hoja de laurel, los dientes de ajo, la guindilla y el pimiento. Añadir una cucharada de aceite de oliva y dejar al fuego hasta que estén bien blandas las judías.

7. Picar finamente la media cebolla restante y ponerla al fuego con la otra cucharada de aceite de oliva y dejar que se dore lentamente. Añadir al sofrito media cucharada pequeña de sal. Cuando lleve un par de minutos la cebolla al fuego añadir dos diente de ajo cortados en láminas finas. Mientras se doran ligeramente las verduras pelar el tomate, quitar las pepitas y cortar en trocitos muy pequeños. Cuando las verduras estén en su punto añadir el tomate y freír durante cuatro o cinco minutos.

8. Añadir al refrito tres cucharadas de frijoles y seis cucharadas del caldo en el que se han hecho los frijoles. Mezclar bien, añadir toda la mezcla a una batidora y batir hasta que quede una masa bien fina. Añadir esta mezcla a los frijoles, mezclar y dejar al fuego 10 minutos más. Rectificar de sal.

PAD THAI VEGGIE (TAILANDIA)

Para 4 personas
Tiempo preparación: unos 40 minutos

INGREDIENTES:
• 300 g de tallarines de arroz integral
• 2 pimientos rojos
• 1 cebolla tierna
• 80 g de cacahuetes crudos
• 100 g de brotes de soja
• 2 bloques de tofu

Para la salsa:
• 8 cucharada de salsa de soja
• 8 cucharada de caldo de verduras o agua
• 6 cucharada de vinagre de arroz o de manzana
• 1 cucharada de aceite de oliva virgen extra
• 1 cucharada de azúcar integral de caña o panela
• 1 cucharadita de cayena molina
• 1 diente de ajo
• el zumo de 1 lima

1. Cortamos los pimientos en tiras de 2 centímetros y medio de largo y la cebolla la cortamos en juliana.
2. Por otro lado, vamos tostando los cacahuetes en una sartén sin aceite a fuego bajo, agitando de vez en cuando para que se tuesten de uniformemente y evitar que se quemen.
3. En una sartén caliente, añadimos un poco de aceite y sofreímos la cebolla y el pimiento hasta que esté tiernos.
4. Mientras se cocinan las verduras, escurrimos el tofu y lo desmenuzamos con los dedos.
5. Cuando las verduras ya empiezan a estar tiernas, añadimos el tofu. Dejamos cocinar unos 8-10 o hasta que veamos que el tofu ha perdido el agua, removiendo de vez en cuando para que no se nos pegue. Retiramos de la sartén y reservamos.
6. Preparamos los tallarines según nos indica el fabricante, y mientras se cuece la pasta, preparamos la salsa del Pad Thai.
7. Para preparar la salsa, primero picamos el ajo. En la misma sartén que hemos utilizado para las verduras y el tofu, añadimos 1 cucharada sopera de aceite y sofreímos el ajo, antes de que se dore, añadimos el azúcar. Cuando el ajo haya cogido color agregamos el resto de los ingredientes y dejamos cocina durante 2 minutos.
8. Pasado el tiempo de cocción de la salsa, añadimos las verduras con el tofu, los tallarines, los brotes de soja y los cacahuetes tostados y mezclamos. Dejamos cocinar un par más de minutos, removiendo continuamente, hasta que no quede líquido. Servimos el Pad Thai caliente acompañado de unas rodajas de lima.

KORMA DE VERDURAS

Para 4-5 raciones
Tiempo elaboración:
35-40 minutos

INGREDIENTES:

- 4 zanahorias
- 1 calabacín
- 1/4 de coliflor o brócoli
- 1 pimiento verde
- 1 pimiento rojo
- un puñado de guisantes
- 1 cebolla
- 1 cucharadita de cúrcuma
- 1 cucharada de pasta de ajo y jengibre
- 1/2 vaso de leche de coco
- 250 g de tomate triturado
- 1 cucharadita de Garam masala (mezcla de especias indias)
- 1 cucharadita de semillas de fenogreco (methi)
- 1/2 cucharada de pasas de Corinto
- 1/2 cucharada de anacardos picados
- 100 ml de nata de soja
- 1/2 cucharada de azúcar
- sal y aceite de oliva virgen extra
- 1 cucharada de coco rallado
- 1 cucharada de almendras picadas

1. Cortar las verduras en cuadritos y hervirlas –excepto la cebolla– durante 6 minutos; reservar aparte.

2. Poner un chorrito de aceite en una cazuela y cocinar la cebolla hasta que quede transparente. Añadir la cúrcuma, remover durante 30 segundos y añadir la pasta de ajo y jengibre; cocinar durante 3-4 minutos, sin dejar de remover para que no se pegue.

3. Agregar el tomate triturado y la leche de coco; cuando comience a hervir añadir el resto de las especies y remover.

4. Incorporar las verduras, los frutos secos y la nata líquida; dejar reposar unos minutos.

5. Al servir, decorar con coco rallado y almendras picadas.

ESPECIALIDADES

MANTEQUILLA VEGANA

Para unos 425 g
Preparación: 10 minutos
(sin cocción, una vez
derretido el aceite de coco)

INGREDIENTES:

• 1 cucharadita de lecitina
de soja granulada
• 150 ml de leche de soja
• 1 cucharada de leche de
soja en polvo
• 1 cucharadita de sal marina
fina
• 140 ml de aceite de girasol
• 1/2 cucharadita de goma
xantana
• 2 cucharaditas de levadura
nutricional
• 200 ml de aceite de coco
refinado, derretido

1. Muele finamente en un mortero o molinillo de especias la lecitina de soja granulada.

2. Traslada la lecitina a un robot de cocina (no es fácil realizar esta operación en la batidora) y añade el resto de los ingredientes, excepto el aceite de coco. Tritúralos hasta que queden bien mezclados.

3. Con el motor en marcha, incorpora gradualmente el aceite de coco. La mezcla se espesará casi al instante.

4. Rebaña la mantequilla para colocarla en un recipiente de plástico que luego puedas tapar, o envuélvela en papel parafinado y déjala enfriar en la nevera para que adquiera una consistencia compacta.

Si la guardas en el frigorífico, en un recipiente cerrado, se conservará alrededor de una semana.

Notas del chef. Se puede adquirir margarina o mantequilla vegana en numerosos establecimientos, pero elaborarla en casa es muy fácil. Esta que proponemos es muy versátil, y en la mayoría de recetas convencionales podrás utilizarla como sustituto de la mantequilla en las mismas proporciones.

Resulta especialmente apropiada para la elaboración de masa, tartas y glaseado de mantequilla. También es ideal para untar tostadas, ¡pero no para los fritos! La lecitina de soja granulada, que encontrarás en la mayoría de las tiendas de alimentación natural, suele utilizarse como agente emulsionante.

LA CHARCUTERÍA VEGANA
JAMÓN DE YORK

Para 1 pieza
Tiempo: 20 minutos de preparación y 60 minutos de cocción

INGREDIENTES:

• 250 ml de leche de soja
• 3 g de pimentón de la Vera
• 1 cubito de caldo de verduras
• 10 g de levadura de cerveza
• 5 g de harina de algarroba
• 50 ml de aceite de girasol
• 50 g de miso amarillo
• 200 g de gluten de trigo

1. En una olla, calentar la leche de soja con el pimentón de la Vera, el cubito de caldo de verduras, la levadura de cerveza y la harina de algarroba. Mezclarlo bien con la ayuda de una batidora. Seguir removiendo durante la cocción, hasta que el líquido se espese.

2. Añadir el aceite de colza y luego el miso amarillo; volver a mezclar bien, hasta obtener una crema uniforme y consistente.

3. Dejar enfriar durante un cuarto de hora; a continuación, añadir el gluten de trigo y amasarlo todo hasta obtener una masa elástica y homogénea.

4. Envolver la masa con papel film, sin prensarla, y cocerla al vapor durante una hora.

5. Una vez terminada la cocción, dejar que el 'jamón' se enfríe por completo antes de cortarlo.

6. Para lograr lonchas perfectas, utilizar una trinchadora de fiambres, si se dispone de una. No obstante, bastará con una mandolina o un cuchillo de cocina muy afilado. Lo ideal es que las lonchas sean regulares y tengan un milímetro de grosor.

> **Notas del chef.** La harina de algarroba (o goma de algarrobo) es un espesante natural diferente de la algarroba molida (carob), que suele utilizarse como sucedáneo del cacao.

MORCILLA DE BURGOS VEGANA

para unas 5 morcillas

INGREDIENTES:
- 300 g de aceitunas negras sin hueso
- 1 vaso de arroz redondo
- 3 vasos de caldo de verduras
- 1 cebolla grande
- 2 dientes de ajo
- 1 cucharada sopera colmada de cominos
- 1 cucharada de café colmada de pimentón dulce
- 1 cucharada de café colmada de pimentón picante (opcional)
- 1 trocito de calabaza (opcional)
- sal al gusto
- láminas de alga nori

1. Cocemos el arroz en el caldo de verduras añadiendo la media cebolla y el trocito de calabaza, ambos troceados finamente. Debe quedar bien cocido (algo meloso).
2. Por otro lado, batimos las aceitunas escurridas con los cominos, el pimentón, los ajos troceados y ¼ de cebolla. Añadimos sal al gusto. La consistencia final ha de ser la de un paté.
3. Mezclamos cuidadosamente en un bol el arroz templado con el paté obtenido en el paso anterior.
4. Con una espátula de madera, extendemos la mezcla sobre una lámina de alga nori formando una capa de aproximadamente 1 cm. Procedemos a enrollar, para lo cual podemos ayudarnos de una esterilla para preparar sushi. Si no tuviéramos, podemos usar un trozo de papel film para envolver la morcilla como si fuera un caramelo.
5. Con un cuchillo de sierra, cortamos la morcilla en rodajas de 3 centímetros que freiremos por ambos lados en una sartén con una cucharada de aceite de oliva.

> **Notas del chef.**
> También podéis buscar el «Chorizo calabizo», a base de calabaza y que está rico rico de verdad. Incluso se puede añadir a la tradicional tortilla de patatas vegana.

TEMPEH FRESCO HECHO EN CASA
TEMPEH DE SOJA (O DE LEGUMBRES)

¿Qué es el tempeh de soja?

Se trata de un alimento muy nutritivo y rico en proteínas, resultado de la fermentación del grano de soja por medio de un moho (*Rhizopus oligosporus*). Contiene todos los aminoácidos esenciales y muchos ingredientes buenos para la salud.

Las isoflavonas de la soja refuerzan los huesos, ayudan a aliviar los síntomas de la menopausia, reducen el riesgo de enfermedades coronarias del corazón y ciertos tipos cáncer. El tempeh mantiene toda la fibra de las habas y adquiere beneficios digestivos de las enzimas creadas durante el proceso de fermentación.

La fermentación del tempeh produce agentes antibióticos naturales que aumentan la resistencia del cuerpo a infecciones intestinales.

Historia del tempeh

Las primeras habas de soja chinas datan del siglo XI antes de Cristo, al norte de China, donde estaban entre los primeros cultivos realizados por el ser humano. Tradicionalmente allí se honraban las habas de soja como uno de los cinco granos sagrados esenciales para la existencia de la civilización china y se consideraban tanto una comida como una medicina. Los misioneros trajeron la soja a Europa en el siglo XVII, pero las condiciones climáticas y de tierra eran deficientes. Las primeras referencias de tempeh por un europeo aparecieron en 1875 en un diccionario japonés-holandés.

A comienzos del siglo XX, el aumento de la popularidad del tempeh en Japón hizo que se expandiera por algunos otros países y sobre todo por Indonesia, en donde hoy en día es muy popular, hasta el punto que se puede encontrar con mucha facilidad en puestos callejeros y con diferentes sabores, todos muy ricos. En Europa el tempeh es conocido a través de los holandeses que colonizaron Indonesia. En 1895, el microbiólogo holandés y farmacéutico Prinsen Geerlings hizo el primer intento en identificar el moho del tempeh.

En EE.UU. se introdujo la soja a inicios del siglo XIX y su cultivo se expandió enormemente después de 1945.

Allí el tempeh se conoce desde 1946 a raíz de una publicación en la revista americana de nutrición clínica con el tema «Posibles fuentes de proteínas para la alimentación de los niños en países subdesarrollados». En los años 60 del siglo pasado nace un nuevo interés por el tempeh con una investigación de la Universidad de Cornell (Nueva York) y un centro en Illionis del Departamento de Agricultura, junto a la tarea del grupo «Plenty» («Abundancia») para erradicar el hambre.

La primera tienda comercial de tempeh en Occidente se abrió en 1975 en Undadilla (Nebraska). Dos años después, un artículo de Robert Rodale en la revista «Prevention» le daría gran trascendencia, que pronto llegó a Europa. Hoy el interés por el tempeh crece, de la mano de la experiencia de empresas como «Vegetalia», y gracias sobre todo a los beneficios que aporta para el organismo.

El tempeh forma parte del selecto grupo de alimentos fermentados beneficiosos para la salud.

Elaboración del tempeh en casa

1. El primer paso es poner las judías en el colador y lavarlas con un buen chorro de agua. A continuación, remójalas de 8 a 12 horas en agua muy caliente (o bien hiérvelas durante 20 minutos y después déjalas en remojo unas dos horas).

2. Pasado este tiempo escúrrelas y lávalas nuevamente. Después, pártelas en mitades o cuartos, pero no mucho más pequeñas. Para ello, si no se dispone de un molino adecuado, lo más simple es colocar las judías en un recipiente y frotarlas con las manos, apretándolas en puñados, con un movimiento de amasado a fin de que no se separen en sus dos mitades y se suelte la piel. Lo importante es que no queden muy trituradas. Una vez partidas se deben separar las pieles. Para ello puedes volver a utilizar el cubo: echa en él las judías, llena casi hasta arriba con agua y remueve enérgicamente; estas se asentarán en el fondo y las pieles, muy livianas, quedarán por encima. A continuación, inclina el cubo con cuidado y deja caer el agua que arrastrará las pieles. Repite unas cuatro o cinco veces hasta eliminar bastantes (no tiene importancia si quedan algunas).

3. Pon una olla al fuego con cuatro o cinco litros de agua y cuando rompa a hervir echa las judías y añade el vinagre. Cocina con la olla tapada, manteniendo un hervor suave durante 45 minutos. Mientras se van haciendo puedes ir preparando las bolsas. Dobla una de las toallas en cuatro; apoya las bolsas sobre ella y perfora con ayuda de la aguja, dejando una separación de 1,5 cm entre agujeros.

4. Pasados 45 minutos, pasa las judIas a un colador bien limpio y rocíalas con un poco de agua fría. A partir de este momento, y hasta que acabes de envasarlas, debes tener cuidado con el aspecto sanitario para evitar la contaminación del tempeh. Todo bien limpio. Extiende las toallas y esparce las judías por encima; haz una capa delgada. Enróllalas y deja que absorban bien hasta que las judías se sequen, momento en el que se echan en la fuente y se comprueba que no estén demasiado calientes (deben estar más o menos a la temperatura del cuerpo).

5. Después ya puedes proceder a inocular las judías con el fermento. Para ello lava muy bien la cucharita, toma la cantidad necesaria de fermento y añádela a las judías, mezclándola muy bien para asegurarte de que se reparte uniformemente.

6. Ahora ya puedes llenar las bolsas para colocarlas después sobre una superficie limpia y lisa, doblando por debajo el extremo abierto de la bolsa. Prensa bien con las manos limpias, con cuidado de llenar bien las esquinas, y disponlas sobre la rejilla o plancha agujereada que se pondrá en la incubadora. Las planchas deben ser de unos 15 a 20 mm de espesor.

BOL DE BUDA Y POKÉ:
LOS TAZONES DE MODA

Comida consciente y sencilla que conquista al mundo

El Tazón (o Bol) de Buda (*Buddha Bowl*), no tiene exactamente que ver con Buda ni el budismo, pero sí que conlleva un sentido de moderación, sencillez y felicidad a la hora de alimentarnos. Estos boles son muy nutritivos y sencillos de preparar y te harán sentir satisfecho y feliz. Se están haciendo cada vez más populares, si bien desde muchos años antes hay personas que comen así, uniendo vegetales, aguacate, cereales y legumbres integrales y mucho color, en un tazón o un platito hondo.

Todo comenzó cuando el monje Zen, Dan Zigmond, y la experta en estrategia digital Tara Cottrell decidieron escribir el Buddha's Diet. En él intentaban explicar la filosofía que el propio Buda habría tenido ante la comida, aunque se trata de un tema controvertido. Junto a la dieta y recetas, el libro describe una forma de vida, y una visión más consciente de la alimentación.

Otros tazones. Poké

«Poké» es el nombre, originario de Hawai, con el que se conocen otros tazones también muy de moda. Arroz, proteína... «y todo lo demás», puestos en un bol con un delicioso, alegre y colorista resultado.

Platos combinados en más de una receta

El Bol de Buda se compone de capas que son añadidas en un cierto orden. En general se ponen primero hojas verdes (espinaca, lechuga, kale), se sigue con granos integrales (arroz integral, quinoa, etc.), se añade la proteína (la mayoría de las personas que lo consumen prefieren la proteína vegetariana de las legumbres como los garbanzos) y finalmente se añaden vegetales extras (brotes, zanahorias, tomate, coliflor, calabacín) y grasas saludables (aguacate, frutos secos o aceite de oliva).

Preparar un Bol de Buda es una forma muy sencilla de controlar mejor las porciones y lo que comemos en general, escogiendo un bol adecuado para nuestra ingesta calórica y dejar de contar calorías. Como la mayor parte de lo que consumimos son hortalizas o cereales —ricos en fibra—, podemos no ser tan meticulosos contando calorías, o hasta el último gramo de proteína o carbohidrato que consumamos.

BOL DE BUDA CON QUINOA Y GARBANZOS

Para una persona (un tazón)

INGREDIENTES:
• 75 g de quinoa
• 265 g de garbanzos cocidos
• 1 cucharada de aceite de oliva virgen extra
• al gusto: sal y pimienta, pimentón,
• ajo en polvo y orégano
• 40 g de verduras de hoja verde
• 1/2 aguacate

Para el aliño:
• 1/2 pimiento rojo
• 1 cucharadita de aceite de oliva virgen extra
• el zumo de 1/2 limón
• 1/2 cucharadita de pimentón
• cilantro, sal y pimienta (al gusto)

1. Hervir la quinoa en el doble de cantidad de agua. Reducir el fuego, tapar y remover hasta que la quinoa esté tierna, durante unos 15-20 minutos. Remover con un tenedor.

2. Calentar el horno a 220ºC.

3. Lavar los garbanzos con agua y secarlos con un paño.

4. Poner los garbanzos en una bandeja de horno y cubrirlos con aceite de oliva, pimentón, orégano, ajo en polvo, sal y pimienta. Poner la bandeja en el horno durante 15-20 minutos.

5. Poner los ingredientes para el aliño en una batidora y mezclarlos hasta que no queden grumos.

6. Colocar la quinoa, garbanzos y hojas verdes.

7. Aderezar el bol con medio aguacate y añadir el aliño.

Algunas sugerencias
Bol de Buda con...
• Quinoa y kale • Semillas y granos integrales
• Huevo duro • Quinoa y tu aderezo preferido •
Hamburguesas vegetales y pan casero • Tofu (o tempeh) y fideos noodles de arroz • Arroz integral
• Patatas • Falafel.

JARRAS CON ENSALADAS.
PARA COMER FUERA DE CASA

Estas jarras con tapa son magníficas para transportar toda clase de recetas caseras (excelentes con las ensaladas), sobre todo si hay que comer fuera de casa, tanto si es para ir a la playa como para ir a la oficina (para comer en la oficina disponéis también de los «Bento», unos útiles táper o fiambreras japonesas. Pero volvamos a las jarras: a través del cristal vemos bien la presentación, que suele hacerse por capas, y nos permiten controlar bien los aliños (Más recetas en tarro en pág. 56).

GARBANZOS Y ENSALADA

INGREDIENTES

• 3 cucharadas de garbanzos
• 3 cucharadas de zanahoria rallada y 1 de remolacha
• un manojito de brotes verdes (rúcula, lechuga romana...)
• 2 cucharadas de germinados de alfalfa
• 4 tomates cherry
• 1/4 de ramilletes de brócoli cocido
• 2 cucharadas de trigo sarraceno
• un poco de perejil fresco
• 2 cucharadas de aceite de oliva virgen extra
• 1/2 cucharadita de tahini o pasta de sésamo
• 1 cucharada de zumo de limón
• 1/2 cucharadita de pimentón (dulce o picante)
• una pizca de ajo en polvo
• sal al gusto

1. Preparamos el aderezo mezclando el aceite de oliva virgen extra con las especias, el tahini y el perejil fresco picado, y lo vertemos a la jarra.

2. Luego añadimos los garbanzos cocidos y escurridos, los tomates cherry cortados en mitades, los ramilletes de brócoli, la zanahoria rallada, el trigo sarraceno y, por último, los brotes verdes. Podemos usar rúcula y lechuga romana, espinacas, canónigos, kale…

3. El aderezo va primero, luego la proteína o algún ingrediente cortado en trozos más grandes, como el tomate. Seguidamente añadimos aquellos ingredientes que queremos que se mantengan crujientes, como los frutos secos. Y por último, las hojas verdes, que necesitan mantenerse frescas hasta el momento de consumir. Las combinaciones son ilimitadas.

EL PAN
PAN DE PLÁTANOS Y NUECES

Para unas 10-12 raciones
Tiempo elaboración:
10 minutos más una hora de cocción

INGREDIENTES:
• un puñado generoso de nueces
• 4 plátanos maduros
• 1/4 taza de azúcar integral de caña o el equivalente en miel de caña
• 1/2 taza de aceite de girasol
• 1 taza de bebida ("leche") de avena o de soja
• 2 tazas de harina integral
• 3 cucharadas de polvo de hornear
• una cucharadita de vainilla (opcional)

1. Precalentar el horno a 170ºC.

2. Partir las nueces en trozos pequeños. Pelar los plátanos y machacarlos con el azúcar integral. Cuando tengamos un puré, agregarle el aceite y la bebida vegetal.

3. Mezclar los ingredientes secos e incorporarlos al preparado anterior.

4. Aceitar un molde alargado, rectangular (tipo plum cake) y echar la mezcla.

5. Hornear durante una hora aproximadamente, comprobando si al pinchar con un palillo éste sale seco. Dejar enfriar por completo antes de cortarlo.

ALIMENTOS PROBIÓTICOS FERMENTADOS
LOS BENEFICIOS

Revitalizar nuestra salud a través de la alimentación es sencillo a través de los fermentados, que están llenos de bacterias y levaduras beneficiosas para nuestro sistema digestivo. Lo recuperan de forma natural y le ayudan a asimilar los nutrientes que consumimos en nuestras comidas. Se recomienda su consumo diariamente, aunque sea en una pequeña cantidad. Lo podemos introducir en forma de verduras fermentadas o bebidas probióticas, que son fáciles de consumir y las podemos preparar de forma sencilla.

Las bacterias, nuestras compañeras de evolución

Imagínate que tu cuerpo es un bosque, que está compuesto por diferentes tipos de seres vivos como plantas y animales. Además encontramos ríos, el sol, una temperatura que varía, creando un ecosistema en el que cada ser o proceso tiene su función para que todo esté en equilibrio.

Nuestro mundo interno es algo parecido, cada órgano, tejido, célula o bacteria que habita nuestro ecosistema interno tiene su función y cuando entra en desequilibrio, el resto queda afectado.

Para muchos de nuestros procesos vitales como puede ser la digestión de los alimentos, necesitamos crear una relación de simbiosis con las bacterias que nos habitan y que crean nuestra flora intestinal. Sin esta relación, no podríamos nutrir el resto del cuerpo y comenzaría un desequilibrio como podemos observar en un bosque cuando existen plagas de alguno de sus habitantes.

La mayor parte de bacterias que forman nuestra microbiota son beneficiosas para nuestro organismo, además de ayudarnos a combatir las bacterias no beneficiosas. ¡Son muchos seres vivos dentro de nosotros!

Beneficios del consumo de alimentos probióticos fermentados

El consumo de alimentos fermentados de forma habitual trae muchos beneficios en nuestra salud. La mas importante es la repoblación de nuestra flora intestinal que, cuando está equilibrada, lo están también otros muchos procesos vitales. Normalmente se pueden consumir sobre el 10% de nuestra ingesta diaria, acompañando otros alimentos o simplemente tomándolo en forma de bebidas o batidos.

VERDURAS VARIADAS EN SALMUERA (PICLES)

INGREDIENTES:

- 300 g de coliflor
- 300 g de zanahoria
- 200 g de nabo daikon
- 150 g de cebolla
- 2 dientes de ajo
- 300 g de col rizada
- 1 cucharada de sal
- 500 ml de agua

1. Cuando preparo esta receta me gusta cortar las verduras del mismo tamaño. Y tengo en cuenta cuándo voy a consumir el fermentado para elegir el tamaño en que las corto. Así que puedes cortar trozos más pequeños si vas a consumirlo pronto, y más grandes si va a ser un fermentado para consumir dentro de bastante tiempo.

2. Prepara la salmuera disolviendo completamente la sal en el agua. Introduce la verdura que has troceado en un bote de cristal, y añade la salmuera hasta cubrir.

3. Tapa el bote sin cerrar del todo para permitir que el CO_2 salga con facilidad, y déjalo fermentar hasta que tenga el sabor que más te guste. Puedes dejarlo en el bote el tiempo que quieras hasta conseguir el sabor deseado.

4. Vete probándolo durante el tiempo de fermentación y, cuando estés conforme con el sabor y la acidez, guárdalo en el frigorífico para parar la fermentación.

BATIDO PROBIÓTICO DE KOMBUCHA

INGREDIENTES:
- 600 ml de bebida kombucha fermentada
- 2 troncos de apio
- 1 remolacha cocida
- 2 ramas de menta fresca
- 1/2 aguacate

1. Para esta receta necesitamos bebida de kombucha ya fermentada, que no contenga ningún sabor. A esta, le solemos llamar kombucha de primera fermentación. La mejor opción es que esté sin pasteurizar; de esta forma nos aseguramos que contenga probióticos naturales que se originan en el proceso de fermentación.

2. Añadimos todos los ingredientes en una batidora y los trituramos hasta obtener un batido cremoso y con un aroma delicioso. Puedes guardar varias hojas de menta fresca para decorarlo por encima cuando lo sirves. Este batido lo puedes tomar por las mañanas o entre horas. Te va a aportar gran cantidad de nutrientes y además es rico en probióticos naturales.

Notas del cocinero. La kombucha, es una bebida probiótica que la podemos tomar directamente, hacer una doble fermentación con zumos o añadirla a batidos y así darle el sabor que mas nos gusta. Tienen un sabor ligeramente ácido y es ligeramente espumosa, así que el resultado suele ser muy refrescante.

QUESOS VEGANOS
PARA ELIMINAR LOS LÁCTEOS

Dos sustitutos de la crema de leche. Crema de anacardos

Dispón 100 g de anacardos crudos en un recipiente y déjalos en remojo durante al menos 4 horas. Enjuágalos y ponlos en una batidora con 100 ml de agua fría.

Tritura el conjunto a la máxima potencia, un mínimo de 2 minutos, hasta obtener una mezcla homogénea.

Si quieres que tenga una consistencia menos densa, añade un poco de agua.

Si vas a utilizar la crema para elaborar recetas saladas, agrégale sal, zumo de limón y/o caldo de verduras para suavizar el sabor de los anacardos. Si vas a emplearla en platos dulces, puedes añadir esencia de vainilla, sirope de agave, o de arroz o de arce.

Se conserva bien en el frigorífico, en un recipiente cerrado, durante varios días.

Crema de coco

Lo mejor para elaborar esta receta son los botes o latas de leche de coco entera (en general vienen de Tailandia), ya que en su parte superior se forma una espesa capa de crema. Antes de utilizarla, deja enfriar la lata en la nevera durante un par de horas, o bien 30 minutos en el congelador.

Luego, ábrela sin agitarla. Retira la capa de crema con la ayuda de una cuchara y bátela con unas varillas eléctricas hasta obtener una mezcla espesa y cremosa. Métela en el frigorífico hasta que vayas a utilizarla.

Si la empleas para elaborar platos dulces, añádele algún endulzante, como esencia de vainilla, sirope de agave, o de arroz o de arce. Puedes guardarla en el frigorífico, en un recipiente cerrado, durante varios días.

Diferentes formas de cuajar

Hay una diferencia entre los quesos veganos y los quesos elaborados con productos lácteos. La leche se transforma en queso a través de un proceso de fermentación iniciado por diversas bacterias y enzimas que cuajan las proteínas lácteas. Luego el queso se deja madurar durante semanas o meses, con un diferente resultado final según el tipo de enzimas y bacterias (además de los mohos y los quesos azules). El proceso de elaboración de los quesos veganos es un poco distinto, y todavía hoy

se está perfeccionando, tratando de buscar las mejores bacterias beneficiosas. Las proteínas de la leche de soja y las leches derivadas de frutos secos reaccionan de forma diferente y no tienden a cuajar hasta el punto de separar el requesón; por eso se procesan y maduran utilizando métodos un poco diferentes.

Conviene diferenciar los quesos veganos «industriales» del mercado, que no se maduran ni fermentan (se obtienen a partir de la solidificación de materia grasa), y cuyo sabor, parecido al del queso, se consigue con algún aditivo. Nutricionalmente, los resultados son poco beneficiosos.

A menudo para obtener requesón se suele añadir un ingrediente agrio, como el zumo de limón, pero el resultado es un sabor más agrio que ácido.

La gracia de todos los nuevos quesos veganos es que, además de saludables, son quesos que obtienen sus cualidades similares a las de los quesos de origen animal gracias al cultivo y a los diversos grados de maduración, y no por la adición de ingredientes agrios.

Esto contribuye a crear un toque de acidez, un sabor más profundo, complejo, muy agradable y sabroso. Para conseguir dicha complejidad, debes dejar que el proceso evolucione de forma natural y evitar las prisas. Tendrás que controlar la temperatura ambiente, la humedad y otras condiciones que pueden afectar a la rapidez del cultivo y la maduración del queso.

Una vez elaborados, los quesos pueden guardarse en el frigorífico. Y recuerda que hay quesos que se pueden obtener de forma prácticamente instantánea…

Fermentar con probióticos

Si vas a dedicarte en serio a los quesos frescos veganos, aptos para madurar, necesitarás un cultivo. En general algún tipo de probiótico, con bacterias beneficiosas para el organismo que ayudan a convertir el ingrediente base en queso, o bien contribuyen a darle sabor. Puedes utilizar probióticos en polvo, pero no todos son veganos y suelen ser caros. Así que, además de la levadura nutricional, o de cerveza, o de remolacha, puedes obtener queso mediante «Rejuvelac», la célebre bebida «raw food» obtenida a partir de la fermentación de cereales integrales con agua. Es muy sencilla de preparar, tienes la receta en Internet y en los últimos libros que venimos publicando en esta misma editorial. También podéis utilizar yogur no lácteo. Y si queréis aventuraros a elaborar quesos veganos artesanos para comercializar, vale la pena que leáis el libro de Miyoko Schinner (ver Bibliografía final).

CHEDDAR

Para unos 180 g

INGREDIENTES:
• 40 g de anacardos crudos
• 3 cucharadas de levadura nutricional (puede ser levadura de cerveza)
• 1/2 cucharadita de sal de apio
• 1/2 cucharadita de sal marina en escamas
• una pizca de pimienta blanca y de mostaza en polvo
• 200 ml de leche de soja (sin endulzar)
• 4 cucharaditas de agar-agar en polvo
• 1 cucharada de aceite de oliva virgen extra

1. Pon en remojo los anacardos durante al menos 4 horas. Escúrrelos y enjuágalos.

2. Tritúralos en un robot de cocina con la levadura y los aderezos.

3. Mezcla en una sartén la leche de soja, 4 cucharaditas de agar-agar en polvo y una cucharada de aceite de oliva.

4. Cuécelo todo durante 5 minutos y añádelo al preparado de los anacardos (ver «Crema de anacardos» en pág. 000) con 4 cucharadas de zumo de limón.

5. Tritúralo todo, viértelo en una tarrina engrasada, alisa la parte superior y tápalo. Ponlo a enfriar en el frigorífico hasta que haya cuajado. Después, vuélcalo sobre un plato.

REQUESÓN

Para unos 250 g

INGREDIENTES:
• 250 g de tofu firme
• 2 cucharaditas de zumo de limón
• 2 cucharaditas de aceite de oliva virgen extra
• ajo
• 1/2 cucharadita de sal marina en escamas
• pimienta negra

1. Pon el tofu (escurrido y secado con papel de cocina absorbente) en un robot de cocina, junto al zumo de limón, el aceite, ½ diente de ajo picado, ½ cucharadita de sal marina en escamas y pimienta negra recién molida.

2. Tritura todos los ingredientes hasta que estén bien mezclados, pero no mucho, ya que en tal caso el tofu quedaría cremoso y no tendría la textura del requesón. Más sobre requesón en pág. 270

PARMESANO

Para unos 120 g

INGREDIENTES:
• 70 g de semillas de sésamo
• 3 cucharadas de levadura nutricional
• una pizca de sal marina fina
• una pizca de pimienta blanca

1. Tuesta ligeramente las semillas de sésamo en una sartén, sin grasa ni aceite,
hasta que empiecen a desprender su aroma y adquieran un leve color dorado. Procura que no se quemen.
2. Ponlas en una batidora o en un robot de cocina, añádeles la levadura nutricional, una pizca de sal marina fina y una pizca de pimienta blanca.
3. Tritura todos los ingredientes hasta que estén bien mezclados. Guarda el parmesano en un recipiente hermético.

QUESO DE CABRA

Para unos 200 g

INGREDIENTES:
• 40 g de anacardos crudos
• probióticos en polvo (los hay en forma de suplemento dietético)
• una pizca de sal marina fina
• vinagre de vino blanco
• 2 cucharaditas de levadura nutricional
• agua

1. Pon en remojo los anacardos durante al menos 4 horas. Escúrrelos y enjuágalos bien.
2. Introdúcelos en una batidora con 2 cucharadas de agua, 4 g de cultivos probióticos en polvo y una pizca de sal marina fina.
3. Tritura todos los ingredientes hasta obtener una pasta suave y homogénea. Rebaña la pasta con una espátula de plástico y disponla en un cuenco.
4. Tapa el recipiente con film transparente y consérvalo en un algún lugar caliente durante 12 horas. Transcurrido este tiempo, incorpora a la pasta 2 cucharadas de vinagre de vino blanco y la levadura nutricional.
5. Resérvala en el frigorífico durante 24-48 horas hasta que haya adquirido una consistencia firme.

CREMA DE QUESO

Para unos 350 g

INGREDIENTES:
• 40 g de anacardos crudos
• 300 g de tofu sedoso
• 2 cucharaditas de sirope de agave
• 2 cucharaditas de zumo de limón
• 1 cucharadita de goma xantana
• 1/2 cucharadita de sal marina fina
• una pizca de pimienta blanca

1. Pon en remojo los anacardos durante al menos 4 horas.
2. Escúrrelos, enjuágalos bien y tritúralos con el resto de ingredientes. Déjala enfriar en la nevera.

SALSA DE QUESO

Para unos 200 ml

INGREDIENTES:
• 200 ml de caldo de verduras
• 1 cucharadita y 1/2 de miso
• ajo granulado, cebolla granulada
• 120 ml crema de anacardos (pág. 000)
• sal y pimienta

1. Pon en una cacerola pequeña 200 ml de caldo de verduras y 1 cucharadita y ½ de pasta de miso. Cuécelo a fuego medio, sin dejar de remover, hasta que esté bien mezclado.
2. Baja el fuego, añade 1 cucharadita de ajo granulado, 1 cucharadita de cebolla granulada, 120 ml de crema de anacardos (ver página 000) y salpimiéntalo.
3. Remueve la mezcla continuamente durante unos 5 minutos, hasta que espese y se haya formado una salsa cremosa.
4. Retira la cacerola del fuego e incorpora 60 g de queso vegano rallado. Remueve la salsa hasta que el queso rallado se haya derretido.

Sabores

La mayoría de quesos veganos que hay actualmente en el mercado no se maduran ni cultivan (no se fermentan). El sabor a queso se consigue por la adición de un agente saborizante que normalmente es un ingrediente agrio, como el zumo de limón.

En cambio, los quesos que presenta Miyoko en su libro («*Quesos caseros sin lácteos*», Ed. Sirio) obtienen sus cualidades similares a las de los quesos de origen animal gracias al cultivo y a los diversos grados de maduración, y no por la adición de ingredientes agrios. Esto contribuye a crear un toque de acidez, un sabor más profundo, complejo, extremadamente agradable y sabroso: umami, el quinto sabor básico.

Para conseguir dicha complejidad, hay que dejar que el proceso evolucione de forma natural y evitar las prisas. Controlar la temperatura ambiente, la humedad y otras condiciones que pueden afectar a la rapidez del cultivo y la maduración del queso, o bien ocasionar que se eche a perder. Pero la recompensa ¡vale la pena!

Probióticos y queso vegetal

Para preparar muchos de estos quesos sin leche se puede utilizar algún tipo de probiótico, con bacterias beneficiosas para el organismo que ayudan a convertir el ingrediente base en queso, o al menos contribuyen a darle sabor. Se pueden utilizar probióticos en polvo, aunque tienden a ser bastante caros y no siempre son veganos. Pero la gracia es poder hacerlos también con un cultivo de rejuvelac (ver receta en nuestro libro sobre bebidas probióticas de esta misma editorial) o de yogur no lácteo.

La sal

Utilizaremos sal no yodada para elaborar el queso y también para revestir la parte exterior de las variedades que deben secarse al aire. La sal yodada puede destruir o demorar los cultivos de ácido láctico, lo que contribuye a que se genere moho y a que el queso se estropee.

Quesos y recetas

Aquí tenéis unas recetas que se preparan en un momento y que podremos comer al cabo de unas pocas horas. Una vez elaborados, los quesos pueden guardarse en la nevera (y en la mayoría de casos, también en el congelador) para tenerlos siempre a mano. Si eres vegano desde hace mucho tiempo y has olvidado cómo cocinar con queso, verás enseguida la enorme cantidad de recetas deliciosas que se pueden preparar.

QUESO DE ANACARDOS BÁSICO

Para un queso de unos 450 g

INGREDIENTES:
• 2 tazas de anacardos crudos remojados en agua de 3 a 8 horas y escurridos
• una pizca de sal
• de 1/4 a 1/2 taza de rejuvelac (ver libro «Bebidas probióticas»)

Notas del chef.
Se conserva en el frigorífico durante unas dos semanas, envuelto en film y en una bolsa con cierre. Si se guarda durante más tiempo, seguirá madurando y su sabor será cada vez más ácido e intenso. Se puede consumir en poco tiempo, sin embargo, una vez que alcanza el sabor deseado, se puede guardar en el congelador hasta 4 meses.

1. Procesar los ingredientes. Echa los anacardos y la sal en una batidora. Pon la batidora en marcha y vierte la cantidad suficiente de rejuvelac para triturar los anacardos. Cuanto más tiempo hayan estado en remojo, menos líquido se necesita. También hay que destacar que una batidora potente puede batirlos con una cantidad menor de líquido añadido.

2. Bate hasta que la textura sea suave y cremosa, deteniendo la batidora de tanto en tanto para remover lo que haya en el fondo, de manera que la mezcla no se apelmace entre las cuchillas.

3. Fermentar el queso. Pasa la mezcla a un recipiente de vidrio limpio, cúbrela y déjala reposar a temperatura ambiente entre 8 y 16 horas, dependiendo de lo intenso que desees que sea el sabor del queso y también de la temperatura ambiente (la fermentación se produce más rápidamente cuando la temperatura es cálida). El queso se pondrá más espeso a medida que fermente.

4. Darle forma al queso. Si tu idea es utilizar el queso como base para otra receta, sólo tienes que taparlo y guardarlo en el refrigerador durante dos semanas como máximo. También puedes colocarlo en un molde de metal no reactivo o de vidrio. Alisa la superficie superior. Cubre el queso y déjalo enfriar durante al menos 6 horas, hasta que su textura sea firme.

MINIPIZZAS CRUJIENTES CON QUESO VEGANO

Para 2 personas

INGREDIENTES:
- 2 panes de pita
- tomate frito
(si es triturado está igual de bueno, pero como tiene más agua no quedarán tan crujientes)
- queso vegano (cremoso)
- 200 g de champiñones (mejor si son naturales)
- media cebolla
- pimienta negra recién molida

para el queso vegano:
- 1/2 de taza de levadura de cerveza
- 2 cucharadas de harina de maíz
- 1 cucharada de harina de trigo
- 1/2 cucharada de ajo en polvo
- 1/4 de cucharada de sal
- 1 cucharadita de zumo de limón
- 1 taza de agua
- aparte reserva una cucharada de agua más y una cucharada de aceite para el final.

1. Para preparar el queso, mezcla todos los ingredientes y ponlos a calentar en un cazo, cuando empiecen a hervir remuévelos durante 30 segundos y retíralos del fuego, finalmente añade la cucharada de agua y la cucharada de aceite y remueve.

2. Puedes dejar enfriar la mezcla o utilizarla directamente, la textura es cremosa y realmente está buenísimo.

3. Aparte, sofríe la cebolla y los champiñones en una sartén con un chorrito de aceite.

4. Para montar las mini pizzas divide los panes de pita a la mitad y colócalos sobre una bandeja de horno, extiende sobre ellos el tomate, el queso, los champiñones y, si te gusta, un poquito de pimienta negra recién molida.

5. Introduce las mini pizzas en el horno precalentado a 180ºC durante 10 minutos…y ¡ya está! Puedes decorarlas con un poco de rúcula, que también les dará un sabor muy especial.

PASTEL DE QUESO VEGANO

INGREDIENTES:
- 50 g de margarina vegetal
- 200 g de galletas veganas
- 3 yogures de soja naturales
- 1 vaso de leche vegetal
- 3 cucharadas de zumo de limón
- 1 cucharada de alga agar-agar en polvo

1. Moler bien todas las galletas y colocarlas en un recipiente y verter sobre él la margarina vegetal derretida.

2. Diluir la cucharada de agar-agar en el vaso de leche vegetal, poniéndolo a hervir en una cazuela a fuego lento. Remover constantemente para impedir que se queme y cuando rompa a hervir, añadir los tres yogures y el zumo de limón, removiendo hasta conseguir una mezcla homogénea.

3. Verter la mezcla con mucho cuidado sobre la base de galletas y dejar enfriar a temperatura ambiente 30 minutos para que cuaje bien. Dejar enfriar en la nevera.

QUESO DE GARBANZOS

**Para 8 personas
aproximadamente
Tiempo elaboración:
20 minutos, más cocción**

INGREDIENTES:
• 350 g de garbanzos
• 150 g de arroz integral
• 50 g de piñones,
100 g de almendras y
50 g de anacardos
• 5 cucharadas de agar agar
en copos
• 1 litro de agua
• 450 ml de leche de castaña
(o sustituir por leche de
arroz sin edulcorar)
• 3 cucharadas de postre
de Ras el Hanout (especias
marroquíes.

1. Se cuecen los garbanzos y el arroz al vapor después de haber estado toda la noche en remojo. La sugerencia de cocerlos al vapor es para que su sabor sea más intenso, pero se pueden cocer a la manera tradicional y escurrirlos muy bien.

2. Se echan los garbanzos, el arroz cocido y la leche vegetal (la de castaña es ideal) en una batidora o robot de cocina y se baten fuertemente para que quede una masa homogénea.

3. Se añaden los frutos secos y las especias y se vuelve a batir. Se deja reposar.

4. En un cazo grande se disuelve el agar agar en el agua y se lleva a ebullición. Bajamos el fuego y dejamos cocer 4 ó 5 minutos.

REQUESÓN DE ALMENDRAS

Para unas 4 tazas

INGREDIENTES:
• 2 tazas de almendras
sin piel, remojadas en
agua entre 8 y 12 horas y
escurridas
• 1 taza de agua, sal

1. Coloca las almendras, el agua y una pizca de sal en una batidora. Bate los ingredientes hasta obtener una mezcla ligera, esponjosa y un poco cremosa, aunque no demasiado suave.

2. Parar la batidora de vez en cuando y remueve la mezcla que queda en el fondo del vaso entre las cuchillas. Prueba y añade más sal si lo ves necesario.

3. Conservación. Guardado en un recipiente con tapa en el refrigerador, el requesón de almendras se conservará perfectamente durante 1 semana.

QUESO FETA VEGANO CON "PELOTAZOS"

Para 4 raciones
Tiempo elaboración:
70 minutos, más tiempo de
remojo y drenaje

INGREDIENTES.
Para el queso:
• 1 taza de almendras peladas
• 60 ml de zumo de limón
• 3 cucharadas de aceite de oliva virgen extra
• 1 diente de ajo
• 1 y 1/4 cucharaditas de sal marina
• 120 ml de agua fría
• 60 ml de aceite de oliva virgen extra
• 1 cucharadita de tomillo
• 1 cucharadita de romero

Para los pelotazos:
• 2 cucharadas de tahini
• 1 cucharadita de canela
• 1/2 cucharadita de sal marina
• 30 ml de sirope de ágave
• 500 g de garbanzos cocidos
• 3 cucharadas de aceite de coco (o de sésamo)

1. Rehidratar las almendras en 1 tazón de agua durante 24 horas. Escurrir y enjuagar. En el procesador hacer un puré con las almendras, el limón, las cucharadas de aceite, el ajo, la sal y el agua hasta que quede muy cremoso (tenerlo procesando unos 7 minutos).

2. Colocar una capa triple de gasa en un colador y echar el queso sobre ella para eliminar el exceso de líquido. Escurrir fuerte apretando y enrollando las puntas de la gasa como haciendo torniquete. Dejar escurrir por lo menos 8 horas aunque sería mejor toda la noche.

3. Precalentar el horno a 90ºC y forrar una bandeja con papel de hornear.

4. Extender el queso en forma de disco de unos 4 cm de espesor. Hornear de 40 a 50 minutos hasta que la superficie cree una corteza firme y seca.

5. Dejar enfriar y cuando esté listo ponerlo en un recipiente de cristal, cubrir con el aceite y espolvorear de hierbas.

6. Para los pelotazos. Precalentar el horno a 200ºC. Cubrir la bandeja del horno con papel de hornear.

7. En un bol poner el tahini, la canela, la sal y el ágave. Echar los garbanzos y remover hasta que queden bien cubiertos de la mezcla.

8. Echar sobre la bandeja del horno en una sola capa sin que monten unos sobre otros y rociar con los restos de la mezcla para cubrirlos bien.

9. Hornear 50 minutos removiendo de vez en cuando hasta que estén crujientes y tostados. Dejar enfriar y servir de picoteo con el queso.

GRATINAR Y HACER SALSA BECHAMEL VEGGIE
CANELONES DE SEITÁN

Para 4 personas

INGREDIENTES:
- 1 paquete de seitán
- 2 cebollas picadas finas
- 3 zanahorias ralladas finas
- 2 dientes de ajo picados finos
- 2 hojas de laurel
- 1 taza de champiñones cortados finos
- 2 cucharadas de piñones ligeramente tostados
- perejil picado fino
- aceite de oliva virgen extra
- salsa de soja tamari
- sal marina
- pasta para canelones

para la salsa bechamel:
- 4 cebollas picadas finas
- comino en polvo
- aceite de oliva virgen extra
- sal marina
- almendra en polvo para el gratinado

1. Triturar el seitán con un cuchillo o pasarlo por un molinillo para que se desmenuce bien.

2. Saltear las cebollas y los ajos con aceite de oliva, laurel y una pizca de sal marina, sin tapa, durante 10 minutos.

3. Añadir los champiñones y unas gotas de salsa de soja, saltear sin tapa hasta que todo su jugo se haya evaporado.

4. Añadir las zanahorias ralladas, el seitán desmenuzado, el perejil y la salsa de soja. Saltear bien durante 2-3 minutos, hasta obtener una masa bastante espesa.

5. Añadir los piñones y el perejil.

6. Llevar a ebullición abundante agua con una pizca de sal marina. Cuando empiece a hervir ir incorporando las laminas de los canelones una por una. Cocerlas durante 7-10 minutos o el tiempo indicado en el paquete.

7. Transferirlas a un recipiente de agua fría. Extenderlas sobre un trapo de cocina previamente humedecido. Añadir el relleno en cada canelón.

8. Enrollarlos y colocarlos en una bandeja de horno, previamente pincelada con unas gotas de aceite.

9. Para la bechamel: Saltear las cebollas con un poco de aceite de oliva y una pizca de sal marina durante 10 minutos.

10. Añadir un fondo de leche de arroz y comino. Tapar y cocer a fuego medio durante 10 minutos más. Hacer puré.

11. Verter la bechamel encima de los canelones y espolvorear un poco de almendra en polvo.

12. Gratinar hasta obtener un tono dorado. Servir caliente.

Notas del chef. ¿Una variante exquisita de canelones? Trocear más fino el seitán, que usaremos en una cantidad menor, junto a puré de guisantes y almendras troceadas.

LOS HUEVOS:
CÓMO SUSTITUIRLOS EN LA COCINA

El huevo es un ingrediente no tan fácil de sustituir. Hemos visto la manera de hacerlo con detalle en el libro «Repostería vegana» de esta misma editorial; los huevos aportan grasa y humedad, dan esponjosidad, estructura y volumen, ligan los ingredientes y aportan sabor, e incluso un acabado brillante a los brioches. Las claras a punto de nieve dan aire y estructura a un bizcocho. Para sustituir el huevo en una receta, es importante saber cuál es su función y, a partir de ahí, modificar la receta añadiendo más líquido y grasa o haciendo uso de almidones como la maicena.

En repostería

Los productos del comercio para sustituir los huevos permiten eliminarlos por completo, excepto para la tortilla a la francesa. Son una gran ayuda para sustituir el huevo en toda clase de repostería y hasta en las tortillas de patatas veganas. Éstos son algunos de los sustitutos del huevo más interesantes, tanto para recetas dulces como saladas:

• **Vinagre y bicarbonato de soda (Tartas, madalenas y bizcochos).** Cuando combinamos un ingrediente ácido como vinagre o un cítrico con bicarbonato, este suelta dióxido de carbono que hace burbujas dentro de la comida. Cuando lo cocinamos, estas burbujas se expanden y ayudan a leudar y hacer más ligera la masa en la que lo incluyamos.

La proporción a usar es: 1 cucharadita de bicarbonato por 1 cucharadita de vinagre de manzana bio.

• **Semillas de lino molidas y agua (galletas, tortitas, crepes y tartas sin fruta).** Cuando combinamos las semillas de lino molidas con un poco de agua, logramos una mezcla espesa y gelatinosa que ayuda a amalgamar todos los ingredientes de nuestra receta y dará a nuestra masa una textura jugosa.

La equivalencia por cada huevo que reemplacemos en la receta es: 1 cucharada de semillas de lino y 3 cucharadas de agua. Se mezcla mejor con la batidora que a mano.

• **Compota de manzana (tartas húmedas, como las de chocolate).** Da menos sabor que el plátano y más jugosidad a las masas. Además de sustituir al huevo, usando compota de manzana podemos también rebajar la cantidad de grasa de la receta, en el caso de que queramos una masa más light hay que utilizar una compota sin azúcar, a ser posible. Se utiliza por cada huevo unos 60 g de compota.

• **Tofu sedoso (tartas densas y cremosas).** Normalmente se utiliza mucho en budines, mousses, rellenos de tartas o tartas del estilo de las de queso. Cuando lo utilizamos, en lugar del huevo usamos unos 60 g de tofu sedoso previamente muy batido hasta que quede como una crema.

• **Huevo vegano en polvo (Egg-replacer; para merengues).** No viene mal tener en la despensa un paquete de sustituto de huevo comercial, normalmente elaborados con fécula de patata o harina de soja (hay un sustituto de huevo con la marca "Biográ" que funciona bastante bien). Su ventaja es que un pequeño paquete puede equivaler a unas cinco docenas de huevos y es una opción rápida cuando hacemos mucha cantidad.

• **Kuzu, arruruz o maicena (para espesar natillas y postres).** Disolver cada cucharada de una de estas harinas en dos cucharadas de agua, y al mezclarlo con el resto de ingredientes se deja cocer unos minutos hasta que espese. Mejor hacer pruebas antes con las cantidades para asegurar el resultado.

• **Leche de soja (para dar brillo en el horneado).** En tartas, empanadas, brioches u otras masas que necesiten una capa de brillo, basta con que pintemos la superficie con leche de soja.

En recetas saladas. Para rebozados y empanados

• **Harina de trigo y cerveza.** En un bol con varias cucharadas de harina vamos añadiendo cerveza hasta lograr una pasta espesa. Esta mezcla es ideal para rebozados y buñuelos.

• **Harina de soja y agua.** Para sustituir 1 huevo, diluimos 2 cucharadas de harina con 4 cucharadas de agua. Esta mezcla vale para empanar o rebozar.

• **Semillas de lino molidas con agua.** Para sustituir 1 huevo, diluimos 2 cucharadas de linaza molida con 4 cucharadas de agua. Esta mezcla vale para empanar o rebozar.

Tortillas sin huevo

• **Harina de garbanzos, vinagre de manzana y agua.** Batimos unas cucharadas de harina de garbanzos con un chorrito pequeño de vinagre de manzana y agua hasta que tenga la textura de un huevo batido. Le podemos incluir una cucharadita de pimentón dulce que le va a dar un toque de color y sabor muy bueno a la mezcla.

• **Harina de maíz y agua.** Batimos harina de maíz con agua hasta que tenga la textura de un huevo. Esta opción da un sabor menos neutro en nuestra tortilla que la harina de garbanzos.

• **Harina de soja y harina de trigo.** Mezclamos en una proporción de 1/1, harina de soja y harina de trigo con agua hasta que quede como una crema espesa.

• **Huevos revueltos (Tofu, cúrcuma y levadura de cerveza).** Depende de la textura que busquemos en nuestro revuelto podemos usar tofu blando o un tofu firme que previamente lo hemos prensado para quitarle todo el agua y después lo hemos desmigado. En una sartén con aceite lo salteamos con una pizca de cúrcuma y levadura de cerveza para darle color y un extra se sabor.

MAYONESAS Y TOFUNESA

Para unos 200 ml
Preparación: 5 minutos

INGREDIENTES:

• 120 g de tofu sedoso
• 1 cucharada de zumo de limón, o más, al gusto
• 1 cucharadita de mostaza de Dijon
• 1/4 de cucharadita de sal marina en escamas, o más, al gusto
• 1/4 de cucharadita de goma xantana (opcional)
• 40 ml de aceite de oliva suave
• 50 ml de aceite vegetal

1. Pon el tofu, el zumo de limón, la mostaza, la sal y la goma xantana (opcional) en la batidora.

2. Tritura bien todos los ingredientes hasta obtener una mezcla homogénea y cremosa.

3. Junta en un recipiente los dos tipos de aceite y, con la batidora en marcha, incorpóralos lentamente a la mezcla hasta que adquiera una consistencia espesa y emulsionada. Sazónala con sal y añádele más zumo de limón.

4. Guarda la mayonesa en un recipiente cerrado. Puedes conservarla en el frigorífico, tapada, durante varios días.

Notas del chef. Otra receta. Una receta muy sencilla se puede hacer con aceite, leche de soja y limón o vinagre. Se monta la mayonesa añadiendo aceite de oliva virgen extra o de semillas poco a poco a un vasito de leche de soja y batiendo. Sazonamos con limón o vinagre y sal. Es conveniente que la leche vegetal esté a temperatura ambiente.

PASO A PASO
ROLLITOS DE PRIMAVERA

Para unos 10 rollitos
Tiempo preparación:
25 minutos

INGREDIENTES:
- 1/2 col
- 1-2 zanahorias
- aceite de oliva virgen extra
- sal marina
- 100 g de germinados de soja
- 2 hojas de alga nori cortadas en tiras
- 150 g de tofu natural desmenuzado
- 15 obleas de papel de arroz (puedes encontrarlas en tiendas de alimentación asiática, dietéticas o grandes supermercados.

1. Primero lavamos las verduras. Cortamos en juliana la col y rallamos la zanahoria. Lo ponemos en un bol con el tofu desmenuzado y mezclamos.

2. Calentamos 2 cucharadas de aceite en una sartén grande y salteamos los ingredientes del bol durante 2-3 minutos.

3. Añadimos los germinados de soja y salteamos un minuto más. Incorporamos las tiras de nori, removemos y retiramos.

4. Ponemos agua apenas tibia en un bol y metemos una oblea de arroz y la mitad de otra. Esto es porque son hojas muy finas y muy frágiles, si ponemos una doble capa justo donde colocaremos el relleno, aguantarán mejor.

5. Las dejamos unos pocos minutos en remojo hasta que pierdan rigidez. Luego tomamos con cuidado la oblea entera la extendemos sobre un trapo de cocina limpio y seco. Seguidamente colocamos encima la otra media oblea.

6. Tomamos una cucharada generosa del relleno y lo colocamos sobre la parte de doble capa de oblea. Levantamos la parte superior de la oblea (la más cercana a nosotros) y la plegamos sobre el relleno. Presionamos ligeramente para concentrar bien el relleno.

KOMBU CHIPS

Para 2 personas

INGREDIENTES:
• 2 tiras de kombu
• aceite para freír, pimienta en polvo

1. Calentar el aceite para freír.

2. Cortar las tiras de kombu, en trozos de 2,5 cm aproximadamente

3. Echar las tiras de kombu (sin lavar) en el aceite y freírlas durante unos segundos, hasta que el color cambie y se vuelvan crujientes. Retirarlas del fuego y secar con papel absorbente.

4. Espolvorear con un poco de pimienta en polvo fresca. Servir a continuación.

POSTRES
Y BEBIDAS

«MARRON GLACÉ»

**Tiempo de preparación:
7 horas
Dificultad: para cocineros
con experiencia (requiere
mucha atención)**

INGREDIENTES:
• 500 g de castañas de la
mejor calidad
• 2 vasos de agua
• 2 vasos de azúcar
(podéis probar con azúcar
integral de caña)
• 3 estrellas de anís
• 1 rama de canela
• la cáscara de un limón bio

Hay quien aún las
reboza con azúcar
glasé, pero no es
necesario: así son
mucho mejores.

1. Quitamos la parte dura a las castañas, para ello se hace un corte en la piel y vamos pelándolas con cuidado.
2. Llenamos una cazuela con agua y cuando rompa a hervir ponemos las castañas dentro y dejamos por espacio de 5 minutos, sacamos sobre un lienzo y comenzamos a retirar con sumo cuidado de no romperlas toda la telilla interior que las cubre (usad un cuchillo puntiagudo para limpiarlas bien).
3. En un cazo bien ancho ponemos el agua, azúcar, canela, piel de limón y el anís, llevamos a ebullición y añadimos las castañas, a partir de este momento no las vamos a tocar, nos ayudaremos de las asas de la olla.
4. Se deja hervir durante 30 minutos, retiramos y dejamos que se enfríen del todo (esto es importante).
5. Se vuelven a llevar al fuego, dejamos nuevamente que rompa a hervir, 5 minutos y retiramos. Esta operación se hace ocho veces.
6. Ponemos una vez frías sobre la bandeja del horno y con el horno precalentado las secamos a 150 ºC más o menos durante 40 minutos. Dejamos enfriar ya están listas para comer.

MELÓN SORPRESA

Para 2 personas
Tiempo de preparación:
unos 35 minutos, más el
tiempo de enfriado

INGREDIENTES:
• 1 melón maduro pequeño
• 1 taza de fresas o
frambuesas
Para la jalea:
• 1/2 taza de jugo de
manzana
• 3-4 cucharadas soperas de
endulzante natural al gusto
(melaza de cebada y maíz o
miel de arroz)
• 4 cucharadas soperas de
copos de agar agar
• 1 cucharada de café de
ralladura de limón
• 1 pizca de sal marina

1. Calentar el jugo de manzana, añadir los demás ingredientes y hervir durante 10 minutos, hasta que los copos de agar agar estén bien disueltos.
2. Cortar el melón por la mitad. Quitar todas las semillas. Con una cuchara quitar la carne del melón con cuidado y cortarla a trocitos.
3. Cortar las fresas o frambuesas en trozos y mezclarlos con el melón. Rellenar las dos mitades del melón vacías con las frutas y verter el líquido hasta cubrir por completo la fruta. Dejar enfriar en la nevera. Cortar y servir.

TARTA DE BONIATO, NUECES Y CASTAÑAS

Para 6 raciones
Tiempo elaboración:
90 minutos

INGREDIENTES.
Para la masa
• 300 g de harina de trigo
• 100 ml aceite vegetal no hidrogenado
• 3 cucharadas de azúcar integral de caña
• 1/2 cucharadita de sal
• 1/2 cucharadita de canela

Para los fideos de castaña
• 400 g de castañas
• 100 ml de bebida de soja
• 1/2 cucharadita de esencia de vainilla

Para el relleno de boniato
• 2 boniatos
• 1/4 taza de fructosa
• 1/2 cucharadita de canela
• 1/2 cucharadita de sal
• 1/2 cucharadita de nuez moscada
• 60 ml de bebida de soja
• 3 cucharaditas de maicena
• 80 g nueces sin cascara

1. Primero preparamos la pasta de los fideos de castaña: ponemos a hervir las castañas en una olla durante 25 minutos. Una vez hervidas las dejamos enfriar para pelarlas.

2. Poner las castañas peladas en una olla con la bebida de soja y la vainilla y dejar que arranque el hervor. En ese momento apagar el fuego. Trituramos la mezcla y reservamos en la nevera hasta su uso.

3. Preparamos la masa: mezclamos todos los ingredientes indicados hasta obtener una masa firme y homogénea. Calentar el horno a 180ºC.

4. Estiramos la masa en un molde redondo y la pinchamos bien para que no suba mientras se esté horneando. Llevamos al horno y cocemos hasta que empiece a tener un color dorado. Al mismo tiempo horneamos los boniatos hasta que estén tiernos.

5. Cuando la masa esté lista, la retiramos y la dejamos enfriar. Lo mismo para los boniatos. Una vez enfriados los boniatos, los abrimos por la mitad y retiramos toda la pulpa.

6. Mezclar en un bol la pulpa de boniato, la fructosa, la canela, la nuez moscada y la sal.

7. Aparte mezclar en un vaso la bebida de soja con la maicena y añadir a lo anterior.

8. Vertemos esta mezcla sobre la masa cocida, añadimos las nueces picadas por encima y horneamos durante 30 minutos a 180 ºC.

9. Dejamos enfriar la tarta y con la ayuda de una manga pastelera y una boquilla fina añadimos por encima el puré de castaña como si fueran fideos.

CREPES CON RELLENO DE FRAMBUESA

Para 4 personas
Tiempo de elaboración:
unos 30 minutos

INGREDIENTES:
- 130 g de harina de maíz
- 70 g de harina de espelta
- 1 pizca de sal
- 1 y 1/2 cucharadas de azúcar mascabado
- 330 ml de agua mineral con gas
- 60 g de margarina vegana
- 330 g de frambuesas
- 70 g de avellanas picadas
- 160 ml de zumo de frambuesa
- 1 cucharada de azúcar glas

1. Incorpore la harina de maíz y la harina de espelta en un recipiente y mézclelas con la sal, el azúcar y el agua mineral con ayuda de las varillas hasta obtener una masa homogénea.

2. Caliente algo de margarina en una sartén, vierta unas 2 o 3 cucharadas de masa de cada ·vez y vaya haciendo las 4 crepes. Mantenga las crepes ya cocinadas calientes en el horno a unos 80 ºC. Seleccione las frambuesas.

3. Cuando todas las crepes estén listas, reparta las frambuesas y la mitad de 1as avellanas sobre ellas y enróllelas.

4. Vierta el zumo de frambuesa en la sartén de las crepes y caliéntelo ligeramente. Sofría las avellanas restantes.

5. Distribuya las crepes en los platos y cúbralas con la salsa de frambuesa caliente. Espolvoree con azúcar glas.

POLOS DE PIÑA

Para 2 personas
Tiempo de elaboración:
unos 15 minutos, más
tiempo de congelación

INGREDIENTES:
• 400 ml de leche de coco
• 1 cucharadita de azúcar
avainillado o esencia de
vainilla
• 1 cucharada de estevia o
azúcar moreno
• 1/4 de piña natural

1. Pelar y cortar la piña y poner en el vaso batidor o licuadora.

2. Añadir la leche de coco y el resto de ingredientes y batir hasta obtener una mezcla homogénea. Rectificar de azúcar o edulcorante al gusto.

3. Verter el resultado en los moldes para polos y llevar al congelador durante mínimo 3-4 horas.

PARA BEBER
SANGRÍA SIN ALCOHOL

Para 12 unidades
Tiempo de preparación:
unos 10 minutos

INGREDIENTES:
• 1 litro de mosto de uva
• 4 melocotones de viña
• el zumo de 2 naranjas
• 3-4 cucharadas de azúcar
integral
• 2 cortezas de limón

1. Para conseguir una sangría de calidad, es evidente que la clave está en el mosto. Elegir uno de calidad media-alta, traspasarlo a una jarra grande (mejor de barro), añadir el azúcar y remover la mezcla hasta que se disuelva bien.

2. A continuación, exprimir las naranjas e incorporar el zumo. También puede cortarse alguna rodaja de naranja entera como adorno.

3. Ahora, lavar los melocotones, pelarlos y cortarlos en trozos pequeños y en forma de gajo. Añadirlos a la mezcla.

4. Reservar en el frigorífico y servir fría. Si se quiere rebajar un poco el contenido alcohólico de la sangría, añadir cubitos de hielo y unas rodajas de limón.

Consejos. Se puede añadir a la mezcla una pizca de nuez moscada rayada o canela molida.
Para que la fruta de la sangría transmita todo su sabor y aroma a la sangría, ésta debe reposar entre 4 y 6 horas.

ZUMO DE LIMA Y MENTA

Para 4-5 raciones
Tiempo elaboración:
5 minutos

INGREDIENTES:

- 6 limas
- 10 cucharadas de azúcar
- 1/4 de manojo de hojas de menta fresca
- 4 vasos grandes de agua
- hielo al gusto
- sal negra (si se quiere al estilo indio)

1. Mezclar el zumo de las limas, el azúcar, las hojas de menta y el agua, triturar con un minipimer durante un buen rato hasta que la menta está completamente triturada, colarlo y servirlo muy frío con hielo.

2. Decorar con una pizca de la propia menta triturada. Si os apetece beber al estilo indio, añadir una pizca de sal negra.

ZUMO DE COL, ALOE VERA Y MANZANA

Para 4 personas
Preparación: 7 -8 minutos

INGREDIENTES:

• 1/2 col blanca
• 6 manzanas
• 8 cucharadas rasas de
zumo de aloe vera

1. Lava la col y las manzanas. Trocea todo y pásalo por la licuadora.

2. Reparte el zumo obtenido en cuatro vasos, y añádeles el zumo de aloe vera. Remueve bien y bébelo de inmediato, ¡a sorbitos!

ZUMO DE REMOLACHA, MANZANA Y APIO

Raciones: 1
Preparación: 5 minutos

INGREDIENTES:
- 75 g de remolacha
- 2 manzanas
- 50 g de apio

1. Corta todos los ingredientes a trozos pequeños y pasarlos por la licuadora.

2. Sirve en un vaso y remueve antes de beber.

BATIDO DE PLÁTANO

Para 4 personas
Preparación:
unos 15 minutos

INGREDIENTES:

• 4 plátanos
• 1/2 litro de leche
descremada (o bien de
licuado vegetal de arroz
o de avena)
• edulcorante equivalente a
2 cucharadas de azúcar
• canela en polvo, sal, hielo
picado

1. Pon en una jarra la leche, el plátano pelado y en trozos con el edulcorante, una pizca de sal y el hielo picado.
2. Bate todo y sirve en unas copas espolvoreando canela en polvo y adornando con una rodajita de plátano.

REPOSTERÍA
VEGANA

BROWNIES VEGANOS SIN AZÚCAR Y SIN GLUTEN

Para unos 20 brownies
Tiempo de elaboración:
15 minutos más tiempo de
horneado

INGREDIENTES:
• 300 g de dátiles
sin hueso triturados y
convertido en puré
• 100 g de margarina vegana
• 120 g de amasake*
• 80 g de harina de arroz
• 2 cucharaditas de levadura
en polvo
• 3 cucharadas de cacao en
polvo sin azúcar
• 50 g de nueces pacanas
• 50 g de pistachos pelados
sin sal

* El amasake es un dulce
natural elaborado a partir de
la fermentación de un cereal
(generalmente arroz) por
un hongo llamado koji. Se
comercializa en frascos de
cristal y tiene consistencia
de papilla.

1. Ponemos en un bol los ingredientes húmedos, es decir el puré de dátiles, el amasake y la margarina vegana.
2. Mezclamos bien.
3. En otro recipiente mezclamos los ingredientes secos: la harina de arroz, la levadura y el cacao sin azúcar.
4. Unimos ambos preparados mezclando con cuchara de madera.
5. Añadimos los frutos secos a la masa.
6. Untamos con margarina un molde de 24x24 cm
7. y lo espolvoreamos con harina; lo sacudimos y eliminamos el excedente.
8. Volcamos la masa en el molde...
9. y emparejamos la superficie con una espátula.
10. Llevamos al horno (180ºC) durante unos 20-25 minutos aproximadamente.
11. Verifica el centro del bizcocho que ha de estar blando y los bordes hechos. Retiramos, dejamos enfriar bien antes de cortar porque corremos el riesgo de que se rompa el bizcocho. ¡...Mmmmmmmm...!

COOKIES DE QUINOA Y PASAS

Para 4 raciones
Tiempo preparación:
25 minutos

INGREDIENTES:

• 30 g de harina de
garbanzos como sustituto
de un huevo (puede ser el
preparado «Vegg» de Biogrà,
que contiene también un
poco de almidón)
• 1/2 taza de aceite de
girasol biológico
• 1 cucharada de sirope
de ágave
• la piel rallada de 1 limón
• 1 cucharadita de levadura
en polvo bio
• 1 pizca de bicarbonato
• 1 taza de harina de arroz
• 2 tazas de copos de quinoa
• 2 cucharadas de pasas
de uva
• 1 cucharadita de canela
en polvo

1. Calentamos el horno a 180ºC.

2. Batimos en un bol el huevo, el aceite, el sirope, la ralladura de limón, la levadura en polvo y el bicarbonato hasta conseguir que estén homogéneos.

3. Añadir poco a poco los copos y la harina; mezclar y finalmente agregar la canela y las uvas pasas.

4. Colocamos un poquito de masa con una cuchara sobre en una placa tapizada con papel de hornear. Cocerlas en el horno durante 10-15 minutos aproximadamente.

TRUFAS DE AVENA Y FENOGRECO

Para unas 25-30 piezas
Tiempo elaboración:
15 minutos + tiempo de cocción de las azuki

INGREDIENTES:

• 200 g de copos finos de avena
• 50 g de judías azuki
• 3 cucharadas de crema de almendra
• 2 manzanas ralladas
• 100 g de almendra bien molida
• 30 gotas de estevia líquida (endulzante natural; se encuentra herbo dietéticas)
• 3 cucharadas de harina de algarroba
• semillas de fenogreco molidas (se adquieren en herbolarios)

> **Notas del chef.**
> Esta receta, y la del pastel de tupinambo, son también excelentes para diabéticos o dietas sin gluten.

1. Dejar en remojo los copos de avena hasta que estén bien blandos y escurrir el agua.
2. Cocer las azuki durante unos 45 minutos o hasta que estén tiernas. Dejar enfriar y batir en un robot de cocina junto con la crema de almendras. Mezclar con los copos muy bien escurridos del agua.
3. Añadir las manzanas, la harina de almendra y por último la estevia.
4. Se hacen bolitas con las manos húmedas.
5. Mezclamos la harina de algarroba con las semillas de fenogreco molidas y rebozamos en ella las bolitas.
6. Refrigeramos un par de horas para que solidifiquen.

PASTEL DE TUPINAMBO

Para 8 raciones
Tiempo elaboración:
20 minutos
+ 30 de horneado

INGREDIENTES:
• 300 g de tupinambos
• 100 g de nueces
• 2 cucharaditas de semillas
de zaragatona (*psyllium*)
• 100 ml de zumo de naranja
• 90 g de sirope de ágave
• 1 cucharada sopera de
tahine (pasta de sésamo)
• 2 cucharadas de manteca de
coco fundida al baño María
• 70 g de cacao en polvo
sin azúcar
• 1 cucharadita de canela
molida
• 1 cucharadita de
cardamomo molido
• 1 pizca de sal marina
• 1 cucharadita de
bicarbonato

1. Cocer los tupinambos al vapor, pelarlos y reservar.
2. Triturar las nueces hasta hacer una harina; hacer lo mismo con las semillas de zaragatona.
3. Batir los tupinambos junto al zumo de naranja, el sirope de ágave, el tahine y la manteca de coco. Incorporar las nueces molidas y las semillas de zaragatona molidas. Mezclar a mano en un bol incorporando el cacao, la canela, el cardamomo, la sal y el bicarbonato.
4. Calentar el horno a 180ºC.
5. Verter la mezcla en un molde de silicona y hornear durante 30 minutos. Dejar enfriar antes de desmoldar.

Notas del chef. Si no encuentras tupinambos puedes reemplazarlos por la misma cantidad de garbanzos cocidos y triturados.

CREMA DE CHOCOLATE Y NARANJA

Para 4 personas
Tiempo de elaboración: unos 15 minutos

INGREDIENTES:
• 2 aguacates
• 225 g de dátiles deshidratados
• 75 g de cacao en polvo
• 1 cucharada de ralladura de naranja ecológica
• 400-450 ml de zumo de naranja recién exprimido
• 1 cucharadita de vainilla en polvo
• una pizca de sal
• 2 cucharadas de coco rallado

1. Corte los aguacates por la mitad, deshuéselos y retire la pulpa con una cuchara. Pique los dátiles gruesos.

2.. Vierta en un recipiente el aguacate y los dátiles, e incorpore el cacao, la ralladura de naranja, 400 ml de zumo de naranja, la vainilla y 1 pizca de sal. Triture todo con la batidora hasta obtener una mezcla homogénea. Si es necesario, puede añadir un poco más de zumo de naranja.

3 Reparta la crema en cuencos y espolvoréela con coco rallado. Reserve en el frigorífico hasta el momento de servir.

Notas del chef. Se pueden añadir sin miedo aguacates a la masa. Aportan a la mousse una gran cremosidad.

LA DULZURA DEL SIROPE DE YACÓN

El sirope de yacón está hecho a base de un tubérculo originario de una zona andina que abarca desde el centro de Perú al norte de Bolivia, y que ya conocían bien las civilizaciones preincaicas. Su propiedad más destacada y que la hace apta para diabéticos, obesos y personas con candidiasis es que su poder endulzante viene de la oligofructosa que contiene (también conocida como FOS: Fructooligosacáridos), una fibra prebiótica que una vez ingerida no puede ser absorbida por el intestino delgado pero sí llegar al intestino grueso donde es de suma utilidad: sirve de «alimento» a la microflora intestinal.

De esta reacción se obtienen beneficios como mejorar la absorción del calcio, fortalecer la respuesta inmune, prevenir infecciones gastrointestinales y reducir el riesgo de desarrollar ciertos tipos de cáncer, particularmente el de colon.

Es decir que gracias a los FOS que contiene, el sirope de yacón ofrece un doble beneficio: ayuda a la regeneración de la flora intestinal y a mantener bajos los niveles de azúcar en la sangre, por eso es tan recomendable a los diabéticos. Su índice glucémico es aún más bajo que el del sirope de ágave.

VEGGIE FLAN DE CHOCOLATE

Para 3 raciones
Tiempo elaboración:
15 minutos más tiempo de enfriamiento

INGREDIENTES:

- 2 cucharadas de kuzu
- 1 cucharada sopera de cacao en polvo sin azúcar
- 500 ml de bebida ("leche") de avena
- 2 cucharaditas de copos de agar-agar
- 3 cucharadas de azúcar integral de caña
- 500 ml de crema de soja montada

1. Disolvemos el kuzu en un poquito de leche de avena y reservamos.

2. Hacemos lo mismo con el cacao.

3. Mezclamos los copos de agar agar con la avena, lo llevamos a calentar removiendo siempre y antes de que hierva, agregamos el azúcar, el kuzu y el cacao; mezclar y seguir la cocción hasta que espese ligeramente.

4. Lo retiramos del fuego, lo batimos para que no tenga grumos y lo vertemos en una flanera o en flaneras individuales.

5. Dejamos enfriar a temperatura ambiente y luego llevamos a la nevera durante un par de horas. Al momento de servir, desmoldar, adornar con la nata de soja montada y espolvorear con el cacao. Se puede esparcir por encima unos frutos secos picaditos.

BUDÍN DE COCO

Para unas 10 raciones

Tiempo elaboración:
15 minutos
+ 50 de horneado

INGREDIENTES:
• 2 cucharadas de semillas de lino molidas
• 6 cucharadas de agua
• 100 g de manteca de coco
• 150 g de tofu sedoso (bien blandito)
• 500 ml de leche de coco
• 100 g de sirope de yacon (ver los apuntes del chef)
• 150 g de harina de coco (ver los apuntes del chef)
• 1 cucharadita de canela molida
• la piel rallada de un limón

1. Calentamos el horno a 180ºC.

2. Preparamos lo que será el equivalente de dos huevos: batimos las semillas de lino con las cucharadas de agua hasta que la mezcla se vuelva viscosa como la clara de huevo. Reservamos.

3. Fundimos la manteca de coco a baño maría y trituramos con el tofu hasta hacer una crema suave. Añadimos la leche de coco, el sirope de yacón y el preparado de semillas de lino. Volvemos a batir.

4. Por último añadimos la harina de coco, la canela y la ralladura de limón. De nuevo emulsionamos y volcamos en un molde de silicona.

5. Horneamos durante 50 minutos. Retiramos y dejamos enfriar por completo.

Nota: Cuando retiréis el budín del horno se verá una apariencia poco sólida, incluso con la superficie algo líquida pero eso cambia cuando se enfría ya que solidifica. También los podéis hacer en moldes individuales. Es una receta ideal para diabéticos.

TARTA VEGANA DE LIMA

Para 4 personas

INGREDIENTES.

Para la masa:
• 2 copas de anacardos crudos
• 1 taza de coco rallado sin azúcar
• 1/2 taza de dátiles deshuesados
• 2 cucharadita de extracto de vainilla
• 1 cucharada de cáscara de limón
• 2 cucharadas de jugo de lima
• 1 pizca de sal
• 4 paquetes de estevia
• 2 cucharadas de agave

Para la mousse:
• 4 aguacates maduros grandes (pelados y sin hueso)
• el jugo de media lima
• 1/4 taza de cáscara de limón
• 1/4 taza de agave
• 2 cucharaditas de extracto de vainilla
• 1 pizca de sal
• 8 paquetes de estevia

1. Colocar los ingredientes de la masa en el procesador de alimentos y mezclar.

2. Poner la masa en un molde desmoldeable. Utilizando las manos, presionar la masa uniformemente en el molde.

3. Poner todos los ingredientes de la mousse en el procesador de alimentos y mezclar hasta que esté suave (parando ocasionalmente para raspar los lados).

4. Verter la crema batida sobre la masa.

5. Enfriar en la nevera o en el congelador (en función de su textura deseada) durante al menos 3 horas.

PANCAKES CON CREMA DE CHOCOLATE

Para 6 raciones
Tiempo elaboración:
30 minutos

INGREDIENTES.

Para los pancakes
- 3 tazas de harina
- 3 cucharadas de azúcar integral de caña
- 1 cucharadita de polvo para hornear
- 1 cucharadita de bicarbonato
- 1 cucharadita de sal
- 2 tazas de bebida ("leche") de soja
- 5 cucharadas de aceite de oliva
- unas frambuesas para decorar

Para la crema de chocolate:
- 600 g de bebida de soja
- 2 cucharadas de azúcar integral de caña
- 30 g de almidón de maíz (maicena)
- 400 g de chocolate

1. Para hacer los pancakes mezcla la harina, el azúcar integral, el polvo de hornear, el bicarbonato y la sal en un bol. Añade poco a poco la bebida de soja y el aceite y mezcla bien hasta obtener una masa lisa y homogénea.

2. Deja descansar la masa mientras preparas la crema de chocolate.

3. Pon a calentar la bebida de soja con el azúcar integral.

4. Diluye la maicena en un poco de agua fría y viértela sobre la bebida de soja una vez ésta haya hervido. Cocina a fuego bajo durante un minuto y retira del fuego.

5. Una vez retirado del fuego viértelo encima del chocolate y deja unos minutos para que el chocolate se funda con el mismo calor. Luego bate bien con batidor de varillas hasta obtener una crema de chocolate. Reserva.

6. Vierte una cucharadita de aceite en una sartén pequeña y vierte medio cucharón de la masa de pancake.

7. Cuando en la superficie comiencen a aparecer burbujitas, gíralo para que se haga del otro lado. Retira y repite la operación con el resto de masa.

8. Sirve los pancakes con la crema de chocolate y coloca unas frambuesas por encima.

TARTA DE CEREZAS Y CHOCOLATE

Para 6-8 raciones
Tiempo elaboración: 30 minutos + tiempo de refrigeración

INGREDIENTES.

Para la base:
• 200 g de avellanas
• 7 dátiles
• 3 cucharadas de coco rallado
• 2 cucharadas de cacao en polvo puro
• 1 cucharada de aceite de coco
• canela
• cardamomo
• 2 cucharadas de uvas pasas
• 1 cucharada de semillas de sésamo
• una pizca de sal marina

Para el relleno:
• 1/2 taza de cerezas secas deshidratadas
• 340 g de tofu seda
• 4 cucharaditas de sirope de ágave
• 1 cucharadita de vainilla líquida
• 280 g de chocolate negro en tableta

1. Para la base de la tarta se procesan todos los ingredientes hasta obtener una masa uniforme y se extiende finamente sobre un molde desmoldeable. Reservar.

2. Cubrir las cerezas con media taza de agua hirviendo y dejarlas en remojo hasta que se ablanden. Escurrir y reservar.

3. Luego poner las cerezas en un aparato triturador y triturar. Añadir el tofu, el ágave y la vainilla, y batir hasta que quede homogéneo como un puré.

4. Fundir el chocolate al baño maría y añadir a la mezcla anterior. Verter sobre la base de frutos secos y refrigerar varias horas.

Notas del chef. Idealmente lo serviremos con un sirope de cerezas; para ello sólo tenemos que reservar unas pocas cerezas rehidratadas, añadirles un poco de sirope de ágave y cocerlas en un cazo a fuego lento hasta que reduzcan un poco y queden de consistencia espesa como un jarabe.

TÉRMINOS EQUIVALENTES EN ESPAÑA Y LATINOAMÉRICA

A

Achicoria: radicheta, escarola.

Aguacate: palta, panudo, sute, avocado, cura, abacate, cupandra.

Alcachofas: alcauciles.

Albaricoque: chabacano, damasco, prisco, albérchigo, alberge.

Aliño: adobo, condimento.

Alubia: judía blanca, habichuela, poroto.

Asadura: achuras.

Açai o asai: fruto palma murraco, naidi.

Azafrán: camotillo, cúrcuma, yuquillo.

B

Batata: camote, boniato, papa dulce, chaco.

Bechamel: besamel, salsa blanca.

Berro: balsamita, mastuerzo.

Bizcocho: biscote, bizcochuelo.

Bocadillo: emparedado, sándwich.

Brécol: brecolera, brócul, brócoli.

Brochetas: pinchitos, pinchos.

C

Cacao: cocoa.

Calabacín: calabacita, hoco, zapallito, zucchini.

Calabaza: zapallo, ayote, auyamas.

Canela en polvo: canela molida.

Caqui: caki, palosanto.

Carambola: (tamarindo, fruta estrella, cinco dedos, vinagrillo, pepino de la India, lima de Cayena, caramboleiro, estrella china).

Cilantro: culantro, coriandro, alcapate, recao, cimarrón)

Ciruelas pasas: ciruelas secas.

Clavo de especias: clavo de olor.

Cogollo: corazón.

Col: repollo .

Col china: bok choy, repollo chino, pak choy)

Col lombarda: col morada.

Coles de Bruselas: repollitos de Bruselas.

Confitura: dulce, mermelada.

Crepe: crepa, panqueque.

Cúrcuma: azafrán, camotillo, yuquillo.

Curry: carry.

Cuscús: alcuzcuz.

Champiñón: callampa, hongo.

D

Diente de león: achicoria amarga, amargón, radicha, panadero, botón de oro)

E

Empanada: empanadilla.

Endibia: alcohela, escarola.

Enebro: junípero, grojo, cada.

Escalibados: asados, a la brasa.
Escarola: alcohela, endibia
Espaguetis: fideos largos, tallarines.
Estragón: dragoncillo.

F

Frambuesa: sangüesa, altimora, chardonera, mora, terrera, uva de oso, fragaria, churdón.
Fresa: amiésgado, fraga, frutilla, metra.

G

Guisante: arveja, chícharo, arbeyu.

H

Habas: fabas.
Hamburguesas: doiches.
Harína: harina de trigo.
Harína de maíz: fécula de maíz.
Hierba de trigo: wheatgrass, hierba de gatos.
Hierbabuena: menta fresca, menta verde, yerbabuena, batán, hortelana, mastranzo.
Higo: breva, tuna.
Hínojo: finojo, finoquio.

J

Jengibre: cojatillo.
Judías verdes: chauchas, peronas, porotos verdes, ejote, vainita, frijolito.
Judías: frijoles, alubias, porotos, balas, caraotas, frejoles, habichuelas.
Judía blanca: alubia, habichuela, poroto.

Judías de Lima: garrofón, judión.
Jugo: zumo.

L

Levadura en polvo: polvo de hornear.
Lemongrass: cymbopogon, citronella, zacate limón.
Linaza: semillas de lino.
Lombarda: col morada, col lombarda, repollo morado.

M

Macarrones: amaretis, mostachones .
Maicena: harina de maíz.
Maíz: abatí, guate, mijo.
Maíz tierno: choclo, elote.
Mandarina: clementina, tangerina.
Mango: melocotón de los trópicos.
Mazorca: panocha.
Melocotón: durazno.
Menta fresca: yerbabuena, hierbabuena.
Mermelada: confitura, dulce.
Mijo: abatí, guate, maíz.

N

Nabo: coyocho, naba, jicama.
Natilla: chunio.
Nuez moscada: macis.

O

Ocra: quimbombó.
Oliva: aceituna.
Olla: cocido, puchero.

P

Pan integral: pan negro.

Patata: papa.

Pepino: cohombro.

Perifollo: cerafolio.

Pimentón: color, paprika.

Pimiento: ají.

Piña: ananá.

Plátano: banano.

Polenta: chuchoca, sémola de maíz.

Puerro: ajo puerro, porro, poro.

R

Rábano: rabanito.

Ravioles: raviolis.

Remolacha: beterraga, betabel.

S

Sémola de maíz: chuchoca, polenta.

Setas boletus: porcini.

Setas portobello: champiñón de campo.

Soja: soya.

T

Tarta: torta.

Tartaletas: tortitas, tortas pequeñas.

Taza de café: pocillo de café.

Tomate: jitomate.

Tomatillos: miltomate, tomate de fresadilla o milpero.

Tomillo: ajedrea, hisopillo.

Tortitas: panqueques.

Trigo sarraceno: alforfón.

U

Uva pasa: pasita.

Z

Zumo: jugo.

BIBLIOGRAFÍA

Barquero, Silvia. *Animales, la revolución pendiente*. Ed. La Esfera de los Libros.

Carrión, Gloria. *Recetas veganas fáciles*. Ed. Arcopress

Catz, Clémence. *Chía, lino y psyllium*. Beta editorial.

Dahlke, Ruediger. Alimentación vegana. Ed. RBA.

Colin Campbell, T. *Integral (Whole)*. Ed. Sirio.

Dahlke, Ruediger, *Alimentación vegana*. Ed. RBA.

Davvis, Brenda y Melina, Vesanto. *Guía definitiva de iniciación al veganismo*. Ed. Txalaparta.

Davis-Guillain, Denise. *Postres veganos*. Ed. Robin Book.

De la Paz, Joseph. *La revolución vegana*. Ed. Vitamina Vegana.

Esteve de Miguel, Dra. Carlota. *Eat me raw (crudivegano)*. Ed. Gaia.

Fernández, Zaraida. *Cocina vegana casera*. Ed. Lectio.

García, Luis. *Cocina líquida vegetal*. Ed. Diversa.

García, Virginia. *Cocina vegana*. Ed. Oberón.

Herp, Blanca. *Cómo curan los zumos verdes*. Ed. RBA.

Herp, Blanca. *Vegano fácil*. Ed. Robin Book.

Horta, Óscar. *Un paso adelante en defensa de los animales*. Ed. Plaza y Valdés.

Joy, Melanie. *Por qué amamos a los perros, nos comemos a los cerdos y nos vestimos con las vacas*. Ed. Liber Ánima.

Kardinal, Sébastien y Veganpower, Laura. *Carnicería vegana*. Beta editorial.

Kohan, Laura. *Cocina vegana mediterránea*. Ed. RBA.

Laforet, Marie. *El gran libro de la cocina vegana francesa*. Beta editorial.

Lara, Francisco y Campos, Olga. *Sufre, luego importa*. Ed. Plaza y Valdés.

Leenaert, Tobias. *Hacia un futuro vegano*. Ed. Liber Ánima.

Martínez, Marta. *Guía para el vegano imperfecto*. Ed. Vergara.

Martínez Biarge, Dra. Miriam. *Mi familia vegana*. Roca Editorial.

Medvedovsky, Javier. *Espiritual Chef*. Ed. Urano

Moss, Michael. *Adictos a la comida basura.* Ed. Deusto.

Nieto, Estela e Iglesias, Ivan. *Nutrición esencial.* Ed. Diversa.

Nieto, Estela e Iglesias, Ivan. *Food & Soul.* Ed. Diversa

Passola, Mercè y Viladevall, Edgard. *Cocina cruda creativa.* Ed. Océano Ámbar.

Quin, Sue. *Mi primer libro de cocina vegana.* Ed. Lunwerg.

Rodríguez, Consol. *Raw Food Anti-aging.* Ed. Urano.

Rodríguez, Consol. *Pan con queso (crudivegano).* Ed. Urano.

Rodríguez, Jenny. *Vive vegano.* Ed. Diversa.

Rodríguez, Toni. *Delicias veganas.* Ed. Océano Ámbar.

Rodríguez, Toni. *Las más exquisitas hamburguesas veganas.* Ed. Urano.

Rodríguez, Toni. *Vegan & Family.* Ed. Urano.

Safran Foer, Jonathan. *Comer animales.* Ed. Seix Barral.

Sukh, Prabhu. *Vegan Gourmet.* Ed. Urano.

Vargas, Álvaro. *Vege sanísimo.* Ed. Planeta.

Vinyes, Dr. Frederic. *¿Carne? ¡No, gracias!* Ed. Océano.

Agradecimientos:

Josefina Montero (Asociación veg. de Canarias), Adriana Ortemberg, Toni Rodríguez (Lujuria Vegana), Becky Lawton, Mireia Anglada (El Granero Integral), Montse Bradford, Nueces de California, Dra. Carmen Méndez (Caserío de Castiñeira - Ourense), Sociedad naturista de Elche, También los restaurantes: L'Hortet (Barcelona), Bon Lloc (Palma de Mallorca) y Gopal (BCN).Agradecemos también sus recetas e informaciones a Xavier Gómez Gosálvez (www.hiulitscuisine.com), Delantal de Alces (receta Pad Thai veggie) www.delantaldealces.com. Nerea Zorokiain (Instituto macrobiótico Nishime -los fermentados), «Vegetalia» (secretos del tempeh).

ÍNDICE DE RECETAS

La biblia vegana

POSTRES Y BEBIDAS

REPOSTERÍA VEGANA